目は奥多摩の大岳山という山を訪れました。そして、3回目の登山でテレビか雑誌かで名前を覚えた北アルプスの槍ヶ岳に登ってきちゃったのです！ 槍ヶ岳は標高3000mを超える高山で登山初心者が気軽に登れるような山ではないのですが、知識の無い私は怖いもの知らずだったのですね。装備も不十分で山小屋で同じ部屋になった女性たちがとても親切に登山の正しい装備について教えてくださったのを覚えています。

私の行動は無謀に思えますが、その頃の私はきっと何から手をつけたら良いのかわからなかったのです。そして、ある時ふと「当時の私のような悩みを抱えている人はたくさんいるのでは…？」と思いました。「登山に挑戦してみたいけれど何から始めれば良いかわからない」「どこに登ったら良いかわからない」。この本はそんな方たちの助けになればと思い制作しました。決して「この本で登山の全てがわかる」というようなものではありませんが、登山の基本的な知識やどのように山のレベルを上げていけばいいかという登山の全体像を掴むことができると思います。

ソロ登山
ステップアップガイド

山登りを趣味にする

著：かほ
監修：小俣智範

マイナビ

はじめに

私が登山と出会ったのは、大学を卒業しテレビ番組の制作会社で働いていた時のことです。当時は新米ＡＤで毎日がマッハの如く過ぎていく日々を送っていました。ある日、番組の企画で初日の出を撮影することになり、冬の八ヶ岳へ出かけました。標高２６００ｍほどの根石岳という山に登ったのですが、運動不足の私の体は途中で悲鳴を上げました。なんとか撮影を終えて帰ったのですが、普通なら「仕事でひどい場所に行かされた」なんて悲惨な思い出になってもおかしくありません。でも、不思議！　初日の出や真っ青な空、山小屋で知らない人と肩を組んで山の歌を歌ったことなど、その時に見たもの、体験したことは素敵な思い出として私の記憶に鮮明に刻まれているのです。

　取材から帰った私は登山を趣味にしようと考えました。しかし、登山に詳しい友人がいなかったため、何から始めたら良いか全くわかりません。だから最初は王道と言われる高尾山に登り、２回

本書で取り上げる全国33箇所の全山位置図

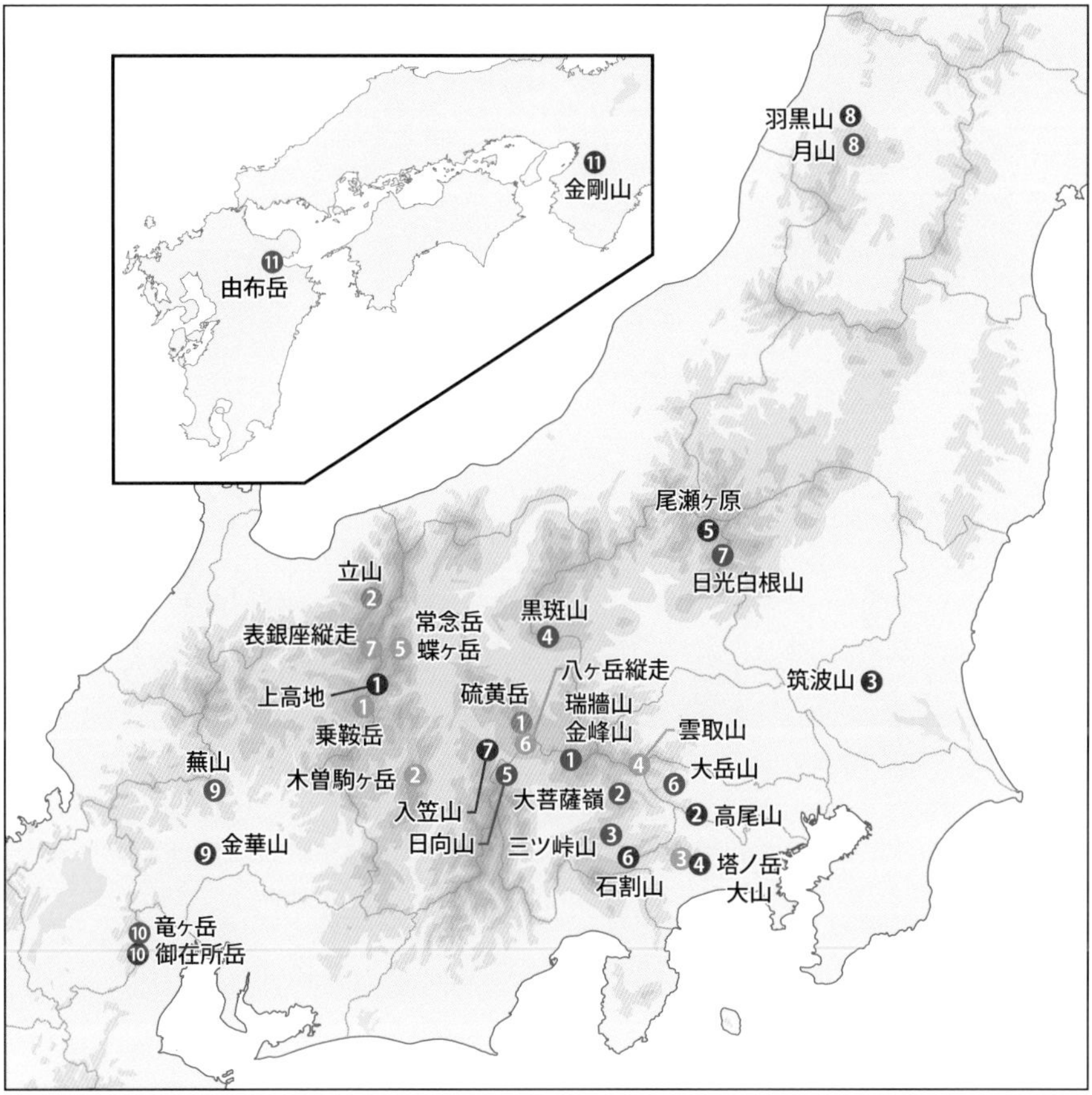

全国で実際に著者が登ってきた山から33箇所をピックアップ。初級・中級・上級にレベル分けし、初級は登山を始めたての人がすぐ登れて楽しめる山、上級は山小屋に泊まって縦走する山で著者が一人で行ける山を上限としている。有名な山だけでなく著者の地元・岐阜の山など著者ゆかりの山も選定し、著者らしさを反映したラインナップとなっている。

山の種類

●…第2章 初級編、●…第３章 中級編、●…第４章 上級編、●…第５章 テント泊

凡例

【ルートマップ】マップ上方を北とする。コース：全日程を通した歩行コースを表示。

【標準タイム】各日の歩行開始からの合計コースタイム。

【ＤＡＴＡ】各種データは、登山専門サイト（ヤマケイオンライン、ヤマレコ）を参考にして作成。累積標高:全日程を通した累積標高。歩行距離:全日程を通した歩行距離。コースタイム:全日程を通した歩行コースにおける地点間の区間タイムを表示。無雪期:月間の無雪期が積雪期を上回る期間。

【アクセス】複数ルートがある場合、代表的なルートのみ表示。

第1章

さあ、山に登ろう! その前に

溢れる緑、澄んだ空気、雄大な景色—。山には魅力がいっぱいです！ これを生み出しているのはすべて自然。都会とは違うその環境の中に出かけていくには相応の準備が必要です。まずは出発前の話から始めましょう。

第1章監修：小俣智範

立山

山選び

Q 登山計画ってどうやって立てるの？

A 情報収集がポイント。

必要な情報は6つ 信頼できる情報かも確認

登山計画では候補の山の情報を集めて山を決め、コース、日程、スケジュール、装備などを定めます。必要な情報は❶コースタイム、❷累積標高差、❸登山道の状況、❹山小屋の状況、❺登山の適期、❻登山口までの交通手段などです。

情報はガイドブックやインターネットで収集できます。ブログやSNSで過去に登った人の日記などを遡って数年にわたった記録も調べると例年の状況が見えてきます。得られた情報は全て鵜呑みにするのではなく、以下のような基準で信頼できる情報かどうかを判定しましょう。

- ●自治体や山岳団体、山小屋、公共交通機関などから得られた情報で、かつ新しい情報→信頼度A
- ●誰が書いたか不明な山行記録や個人ブログで、情報も古い→信頼度C
- ●それ以外の情報。情報自体は新しいが、書いている人は不明など→信頼度B

計画を紙に記載して、氏名や住所、緊急連絡先などの情報を加えたものが「登山計画書」です。これは登山口にあるポストや管轄警察署、家族などに提出しておくと、遭難時に捜索の手がかりになります。今はネットで、様々な書式のものが参照できるし、オンライン提出できるものもあります。

登山計画に必要な6つのポイント

❶コースタイム

コースタイムを参考に、自分にとって無理のない歩行時間となるようルートを定めます。また、要するコースタイムから逆算して出発時間を決めます。長時間行動になる場合は夜明け前からヘッドランプを点けて歩く場合もあります。

❷累積標高差

特に登りの累積標高差が大事です。これは、コース中に出てくる登りの部分の標高差を合計したもの。例えば、6時間で標高差300mを登るルートと、6時間で1500m登るルートでは必要とされる体力は全く違います。コースタイムに惑わされず、1日の累積標高差を計算して、自分の体力に見合ったコースを選びましょう。

❸登山道の状況

登山道は自然災害などの影響で通行止めになる場合があります。直近で誰かが登った記録があるか、また行政や山小屋などから通行止めの情報が出ていないか確認しましょう。

❹山小屋の状況

コロナ以降は多くの山小屋は事前の予約が必要です。営業期間を確認した上で、予約をしましょう。寝具や食事の提供の有無なども確認します。

❺登山の適期

同じ山でも季節によって全く異なる様相になります。時期による積雪の有無、特に冬から春、秋から冬などの季節の変わり目は注意です。

❻登山口までの交通手段

登山口までの道路状況や交通機関などを確認しましょう。これを怠ると登山口に辿り着くことすらできなくなります。以下のようなことに注意。

・林道が土砂崩れや冬期通行止めになっていた
・ロープウェイが定期点検で運休（特に平日や閑散期は注意）
・ダイヤ改正でバスや電車の時刻表が変わっていた
・登山口の駐車場が閉鎖されていた

ウェア

Q 登山ではどんな服装がいいの？

A レイヤリング（重ね着）が基本です。

夏向け

冬向け

ベースレイヤーの上に気温に応じて重ねて着る

山を登ると登山口と山頂では標高差があるので気温が異なります。標高が100m上がるごとに気温は0・6度下がるとされています。また、朝晩と日中でも気温は異なります。そのため、登山では暑さにも寒さにも対応できるようにレイヤリング（重ね着）をすることが基本です。Tシャツやアンダーウェアなど肌に一番近いものをベースレイヤーといい、その上に気温に応じてTシャツや襟付きシャツ、フリースやダウンなどのミドルレイヤー、ウインドブレーカーなどのアウターを重ねます。

ベースレイヤーは、寒い時期は保温性も重視した速乾性のものがよく、その上に保温性の高いミドルレイヤーを重ねるといいでしょう。こうした機能性の高いウェア素材には化繊やウールのものが多いです。綿の割合が高いウェアは、汗や雨で濡れてしまった場合に乾きが遅く、体温を奪われてしまうので避けるようにしましょう。

ウインドブレーカーはレインウェアを代用してもいいです。寒い時期はダウン・ジャケットや保温性の高いグローブ・帽子など必要なアイテムを揃えましょう。パンツは伸縮性が高く身動きがとりやすいものが良いです。ウェアのサイズは動きやすさ重視で体に合ったものを選んでください。

素材に気をつける習慣をつけて

綿の割合が多いウェアは、自分の発汗や外的要因（雨など）で濡れてしまった場合に乾きが遅く、体温を奪われやすくなるので基本的に避けるべきです。特にベースレイヤーは何の素材を使っているのか、商品タグを見て気にする習慣をつけましょう。何を、どう着たら良いのか分からない場合は経験豊富な店員さんに相談しましょう。

欠かせない帽子
乾きやすいものがベスト

登山には帽子が必須。夏は日除けや虫の落下防御に、冬は防寒になります。ハット型やキャップ型は、日除けや雨よけに役立ち、ニット帽などのビーニーは耳を覆うことができ保温性が高いので冬に役立ちます。いずれのタイプも乾きやすいものがベスト。

体に合ったサイズのものを着用して

体に合ったものを着ていないとダボついて歩きにくかったり、パンツの裾を枝などに引っ掛けたりして転びやすくなります。今のウェアは立体裁断されているものが多く、膝や肘などの関節の位置が合っていないと、ウェアに不自然なゆるみが出てしまいます。ただし、アウターはレイヤリング（重ね着）を想定した服選びが基本となります。

暑かったら「脱ぐ」
寒かったら「着る」

暑いときは汗をかく前に脱ぎましょう。汗をたくさんかくと、化繊やウールのアンダーウェアを着ていてもすぐには乾いてくれません。特に寒い時期は、冷えた汗が体温を奪う原因になってしまいます。

登山靴

Q 初めての登山靴は何を選べばいいの？

A ハイカットのトレッキングシューズがおすすめです。

かかと側に指が一本入るサイズを選ぼう

同じ山でも、登山者が履いている靴は実は多種多様です。恐らく初心者の方がイメージするハイカットの登山靴のほか、ミッドカットやローカットシューズ、トレランシューズもあります。靴選びは、本来、登る山や時期、荷物の重さ、自身の好みやスタイルに合わせることが大切です。

これから山歩きを始めようという人がまず一足揃えるなら、ハイカットのトレッキングシューズをおすすめします。これは、この本の初級～中級に出てくるような山で、雪のない時期に日帰りや小屋泊をする場合に適している登山靴です。

これとよく似た登山靴にアルパインブーツがあります。これは、岩場がたくさん出てくる山で、上へ上へと登るのを得意とする靴です。対して、トレッキングシューズは岩場が出てこないなだらかな土の登山道を歩きやすくできています。

靴を選ぶときは、登山用の靴下を履いて試すようにしましょう。店頭で試し履き用の靴下を借りられる場合もあります。爪先を前に詰めた状態でかかと側に指が一本入るサイズがいいと言われています。そして幅や甲の高さも自分の足に合っているかどうかよく確認しましょう。

登山靴の基本を知る

トレッキングシューズとは？
➡平坦からなだらかな登山道を歩くのに適した登山靴

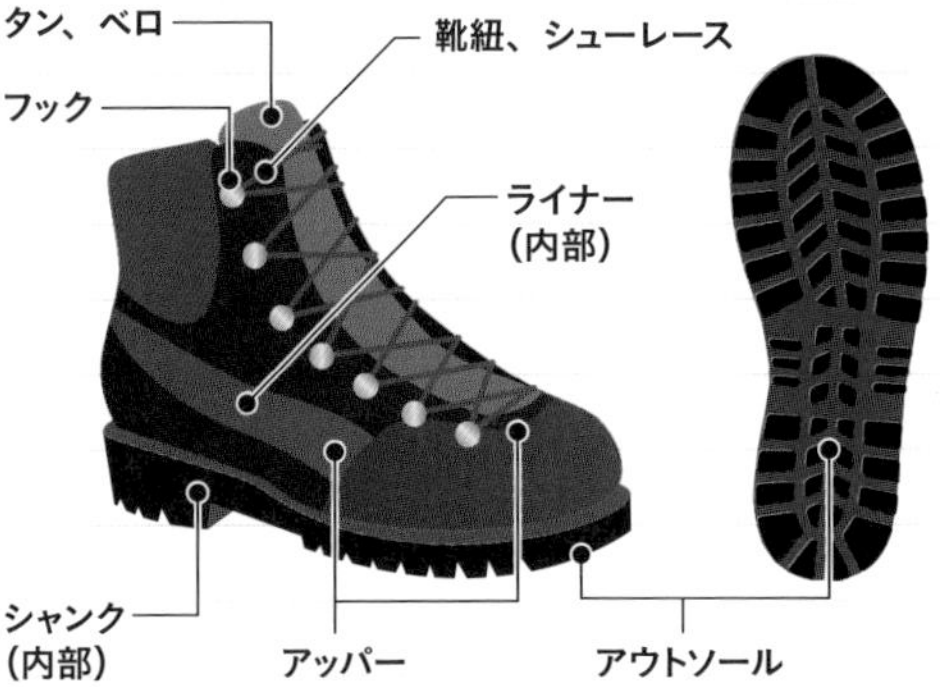
タン、ベロ
靴紐、シューレース
フック
ライナー
(内部)
シャンク
(内部)
アッパー
アウトソール

スニーカーやジョギングシューズとの違いは、登山靴全般がそうですが、アウトソールにグリップを高める凸凹がつけられていることです。ナイロン製のものが多く、アルパインブーツより柔らかめのつくりで、平坦からなだらかな登山道を歩きやすくなっています。足首を捻挫から守ってくれるハイカットのものがおすすめです。

山では他にどんな靴があるの？

トレッキングシューズの他にも、登山道ではさまざまな靴が使われていて、選ぶコースやどんな用途で履くかによって向き不向きがあります。経験を積んで自分のやりたい登山スタイルがわかってきたら、上級者や登山靴売り場の店員さんのアドバイスを聞きながら、履き分けてみるのもいいかも？

・**アルパインブーツ**：ソールが硬く岩場をよじ登るのが得意。雪山も想定しアイゼンを装着するための凹みがつけられている。ほとんどがハイカット。

・**アプローチシューズ**：元々はクライミングの現場に向かう目的で作られた靴。ローカットやミッドカットが主流で履きやすく歩きやすく、岩稜歩行にも向くため登山でも使われるようになっている。

・**トレランシューズ**：トレイルランニング用のシューズ。ローカットやミッドカットが主流。軽量でグリップが良いが防水性や足の保護に弱点がある。

登山靴選びのポイントは？

山で履く厚手の靴下を履いて試し履きすること。一つの目安として、爪先を前に詰めた時にかかと側に指が一本入るサイズがいいと言われます。次に、足をかかと側に詰めてから靴紐を結んで、試し履きをして、店内を実際に歩いたりしながら靴の幅や甲の高さが自分の足に合っているか、違和感はないか確かめましょう。

この方法に慣れてないとオーバーサイズになることも。店員さんにアドバイスしてもらいましょう。

かかとを床にコンコン打ち付けて、足をかかと側に詰めるといいです。

試し履きをして店内を実際に歩いたり、試し台を上り下りしたりしてサイズを確かめましょう。

持ち物

Q どんな装備を揃えればいいの？

A 何のために持っていくのか目的を考えながら揃えることが大切です。

本当に必要なものかどうか？
荷物を最小限の重さに抑える

大げさに言えば、登山とは、自然の中を自力で行動すること。そのための装備は、何が起こっても対応できるように備えるという考えが基本になります。

一方で、装備は、目的の山やスケジュールによって微妙に違いがあり、荷物を最小限の重さに抑えるためには、本当に必要なものかどうかよく考えて選ぶことが大切になります。これから入門編の山に登る人は、一緒に行くベテランの人や登山用品店の店員さんのアドバイスを聞きながら登る山に合わせて揃えていくといいでしょう。

ひとたび揃えた後でも、毎回持っていくのに使わないものは、本当に必要なものかどうか再考してみましょう。その際に、注意したいのは、ツェルトのように、毎回使わないけれど、必要だというものもあることです。何のために持っていくのか、その目的を考えることが大切です。

バックパックは、日帰りなら20～30ℓ、山小屋泊なら30～40ℓの大きさが目安になります。１つのバックパックで全てをカバーしようとして、大きいバックパックを購入するのはおすすめしません。日帰りの場合、バックパックの自重が不必要な負荷となるからです。適切な大きさのバックパックを使いましょう。

日帰り登山の基本的な装備

レインウェア

ゴアテックスなどの防水透湿性素材を使用し、上下が分かれているもの。ヘルメットをかぶる時はフードとの相性を確認しましょう。

スマホとモバイルバッテリー

スマホはGPS連動の地図アプリを見たり、天気予報を見るのに使います。バッテリーは、大容量のものを1つ持つよりも、小〜中容量のものを2つ持つほうが良いです。大容量であっても故障すれば使い物にならないからです。

食料

下山した時に少し余るくらいの量。食料は高カロリーで食べやすくて、軽いものが望ましいです。

地形図とコンパス、山と高原地図・ガイドブックのコピー

2万5000分の1地形図に磁北線を引いたものと、コースタイムや水場なども載っている昭文社「山と高原地図」や各種ガイドブックのコピーも。

ヘッドランプ

日帰り登山でも下山が遅くなって暗くなってしまう場合があるので必ず持ちましょう。

ツェルト

やむを得ずビバークする際の軽量で簡易的なシェルターです。購入したら一度は広げて使い方や構造を確認しておきましょう。

サングラス

紫外線や埃、木の枝、風に飛ばされてきた小石などから目を守るためにもサングラスは必要です。

メガネの予備

近視や乱視の人が山の中でメガネを失うと、行動に大きな支障が出ます。度数が合った予備のメガネを持ちましょう。

ストック

筋肉や関節の負担を和らげるためにはあった方が良いです。

救急用品

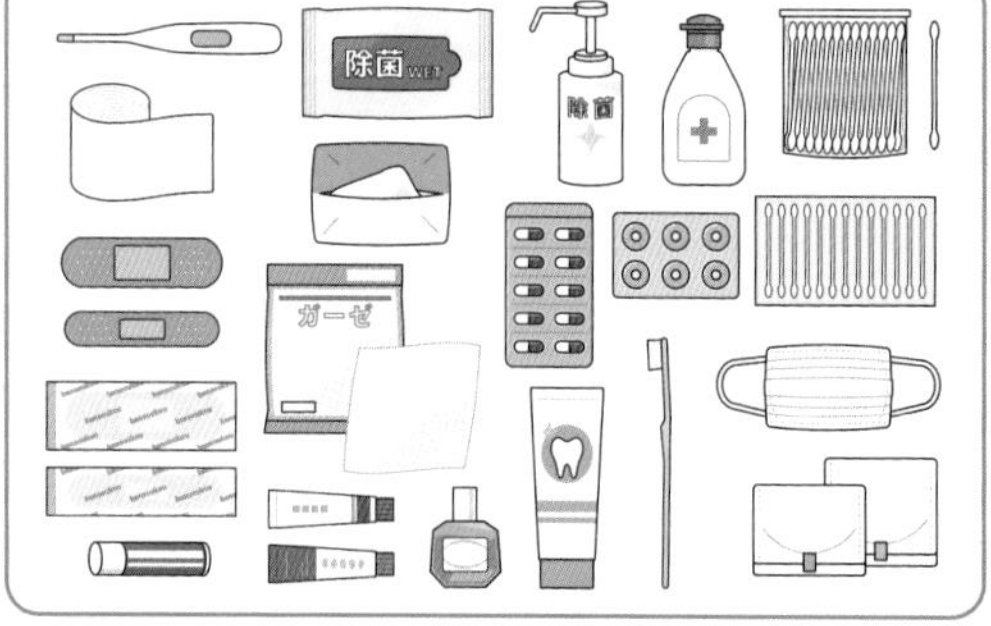

応急処置に必要なもの。絆創膏や三角巾、ガーゼなど外傷に対応できるものと、総合感冒薬や胃腸薬、痛み止めなど内服薬もあると良いです。

エリアに合わせて持つもの

ヘルメット

落石などから頭部を保護したいエリアには持って行きます。

ナイフ

登山であればビクトリノックスなどの折りたたみで小型のものが良いです。

常備薬

血圧や喘息、糖尿病などで日常的に服用する薬はもちろん、高山病や足の痙攣対策が必要な場合は処方してもらった薬や漢方薬を持ちましょう。

防水スタッフバッグ

バックパックの中身全てを防水処置したい場合は、バックパックの大きさより10〜20ℓ大きいもの、衣類のみを入れる場合は10〜15ℓが目安。

時期に合わせて持つもの

保温ボトル

温かいものが飲みたい時は持って行きます。

非常用のガスコンロ

ツェルトだけで一夜を明かすことが難しい時期には、ガスコンロも持って行きます。

歩き方

Q 歩き方にコツってあるの？

A 小さな歩幅で静かに一定のペースで歩くのがいいと言われます。

上体を起こした正しい姿勢が大事

登山を始めたばかりの人は、歩くペースはゆっくりでいいと思います。歩幅を小さく一定のペースを保つと、前後左右のブレが少なく、スムーズな体重移動ができてバテることが少ないと言われます。

また、上体を起こした正しい姿勢をとると余計な力を入れずに体のバランスを維持しやすくなり、また、足のどこかに負担が集中しないよう、足裏全体でフラットに着地するといいとされています。

登り始めは苦しいと感じるかも知れません。立ち止まって呼吸を整えたりして、徐々に心拍数をあげていくと、30分くらいで体が慣れてくるでしょう。これが「ペースをつかむ」ということです。

下りは転倒などが多くなるのでより慎重に。へっぴり腰だと足が滑りやすくなり、かえって転倒しやすくなるので正しい姿勢をより意識しましょう。また、足腰に負担をかけないためには膝のバネを使います。

休憩は、1時間に1回、5分〜10分程度とると良いと言われていますが、あまり杓子定規にとらえなくていいと思います。休憩や小休止、食事用の休憩を景色の良いピークや山小屋などでとるといいでしょう。その際には、体が冷えないように上着をはおりましょう。

体力作りのススメ

登山で最も重要なものは体力。登山はスポーツだと思って体力作りに励んでみてください。日常的にスクワットや、重たいザックを担ぐために必要な腹筋と背筋をつけるための体幹トレーニングなどを取り入れると良いです。体力づくりで意識して欲しいのは標高よりも標高差で、徐々に標高差を上げて体に負荷をかけていきましょう。

目標としたい歩行ペース

登山を始めたばかりの人や、久しぶりに山に登る人は無理のないゆっくりしたペースを心がけましょう。初級者を脱して、登山に体が慣れてきた人はペースを上げた状態でも歩けることを目指してみてください。標高差で1時間に300m程度のスピードで登り続けることを目標にすると良いでしょう。

休憩のとり方も
レベルアップを

山に慣れてきた人は1時間に1回休憩と決めずに、歩けるだけ歩いて適度な疲労を感じてきたら5分程度の短い休憩をとるようにします。あまり頻繁に休憩をしていては目的地に着くのも遅くなりますし10分も休んでいたら体が冷えてしまいます。悪天候時に行動せざるを得ない場合、強風低温下で休憩するよりも歩き続けている方が安全な場合もあります。

下りはより慎重に

下りは転倒や滑落などの危険が増すので、より慎重さが必要です。小さな歩幅で段差を少なくし、足裏全体で着地して安定感を高めましょう。地面からの衝撃を吸収するよう膝のバネを利かせるといいのですが、あまりバネを使いすぎると膝に力が入らなくなる「膝が笑う」状態になります。初めのうちは無理のない標高差を心がけてください。

マナー

Q 山のマナーは何に気をつければいいの？

A 普段の社会生活と同じで、他の人に対する配慮が大切です。

相手の楽しみを邪魔しない お互いに気を配り合う

山でのマナーといっても、基本的には、一般的な常識と同じで、他の人に対する配慮が大切です。

例えば、山には登山者だけでなく、写真撮影や山菜採り、また、トレイルランニングなど、さまざまな楽しみ方をしている人がいます。スピードにのって追い抜いていくトレイルランナーを怖いと感じて、登山者が優先だと考える登山者もいます。しかし、本来は、山で誰が優先といった順位が決まっているわけではありません。どちらも山を楽しみに来ていることに変わりはないので、相手の楽しみを邪魔しないよう、お互いに気を配りましょう。

登山者どうしで広く共有されているマナーとしては、登り優先のルールがあります。上り下りですれ違う時、下りの人は安全なところに待機して登りの人が通過するのを待つようにします。また、登山道ですれ違う時は「こんにちは」などとあいさつを交わすと良いでしょう。

その他、本来、山の中で使用する熊鈴の音やストックなどは、登山道を外れた場所では他人に迷惑をかけることがあるので注意が必要です。また、山小屋では他の宿泊者に対して、不快感を与えるような行為をしないよう気をつけましょう。

すれ違うとき、追い抜くとき

上り下りですれ違う時、基本は登り優先。山側など安全なところで待機して、道を譲ります。ただし、これは絶対ではなくて、状況によっては登り優先にとらわれずに譲り合いましょう。後ろから追いつかれた時は安全に待てるところで道を譲り、逆に前の人に追いついた場合は、ひと声かけて安全に追い抜くか、道を譲ってもらいましょう。

あいさつのススメ

すれ違うタイミングに合わせて「こんにちは」「おはようございます」などのあいさつをすると良いでしょう。遭難した際の互いの目撃情報にもなります。大人数のグループとすれ違う場合は、先頭の人にあいさつをして、後続の人へは軽く会釈をすれば良いでしょう。苦しい急登の最中であれば、必ずしも声を出すことにこだわらなくても大丈夫です。

山以外で注意！ 熊鈴やストック

熊鈴は、電車やバスの中、山小屋の中などでは音が鳴らないようにしましょう。また、ピッケルやストックなど尖ったものを剥き出しのままザックに付けるのは危険です。カバーをしたり、電車の中では、ザックに入るものは入れて、入らなければカバーをして手に持つか手提げに入れるなど、他の人に当たらないよう注意しましょう。

山小屋では他の宿泊客に配慮を

他に寝ている人がいるのに荷物をゴソゴソしたり、トイレに立つ時、他人の顔にヘッドランプを当てたりするのはNG。パッキングは翌朝に。目覚ましがわりのスマートフォンのアラーム音や、何度もくり返すスヌーズも要注意です。あと迷惑になるのが「酔っ払い」。そもそも、標高が高い場所での飲酒は体への影響が大きいので、適度な飲酒にとどめましょう。

第2章

かほオススメの山! 初級編

登山を始めて間もない方や体力にやや不安がある人におすすめの11コース。日帰りで標高が高くなく、数時間～半日程度で下山できる山を集めました。まずは手軽な山を歩いてみて、登山の楽しみを体験してほしいと思います。

尾瀬ヶ原

穂高《ほたか》・焼岳《やけだけ》を望む！
自然あふれる北アルプスの麓を散策

01

（長野）上高地《かみこうち》

日本の誇る山岳景勝地でまずはトレッキング

これから登山を始める方は、最初はキツい登りのない野山を歩くトレッキングがおすすめ。もちろん近場のフィールドでもいいのですが、私が歩いた中で特に豊かな自然の息吹を感じることができた上高地を、ぜひ歩いてみて欲しいと思います。所要時間によっていろんなコースを選択可能ですが、まずは無理のない１日コースを歩いて、その日はゆっくり宿泊して癒しの時間を過ごしてみてはいかが？

YouTubeへGo!

上高地ウォーキングコース

2022年5月11日・12日撮影

1日目：大正池から河童橋へ

大正池からは百名山の焼岳も見られます

スタート
大正池を出発!!

シロバナエンレイソウ

オオタチツボスミレ

春の上高地には高山植物がたくさん♪
上高地の春の風物詩ニリンソウ

梓川と霞沢岳
水辺とカラマツの新緑の組み合わせ!

梓川沿いを歩き河童橋へ

河童橋に到着
山頂は雲で隠れぎみ…
標準タイム1時間

ウエストン碑
ウォルター・ウエストン「楽しみとしての登山」を日本に広める

河童橋でビールとコロッケ♪
至福のとき♡
五千尺ホテルのビールスタンドでゲット！

人気のアップルパイも食べちゃいました
河童橋近くTROIS CINQにて

さらに歩いて岳沢湿原へ！

標準タイム１時間15分
岳沢湿原
奥には六百山がうかがえます

河童橋に戻り五千尺ホテルに宿泊

リッチなディナーを楽しみます！
牛フィレ肉のグリエが最高でした！

たまにはいいよねー

2日目：朝の散策で穂高にあいさつ
早起きしてホテル周辺をお散歩

ついに…！穂高連峰のピークが見えた!!

大正池《たいしょういけ》、焼岳《やけだけ》、岳沢湿原《だけさわしつげん》…
上高地の大自然をウォーク

上高地の玄関口は上高地バスターミナルですが、今回は2つ手前のバス停・大正池から歩いて上高地の中心地・河童橋《かっぱばし》を目指すコースを歩きます。

出発地の大正池では周辺を散策してみましょう。池の畔で見る焼岳は迫力があります。私が歩いた5月は、遊歩道沿いでは春の高山植物をたくさん見ることができました。

紅葉に染まる上高地の大正池と穂高連峰

新緑が美しい上高地・田代湿原

池から20分ほど行くと田代湿原を過ぎ、梓川《あずさがわ》沿いを歩きます。流水は川底が透けて見えるほど澄み渡り、お日様が当たると青みを増して光ります。

明治期に来日し、日本の近代登山を切り拓いた英国人宣教師ウォルター・ウエストン（1861〜1940）の碑を過ぎると河童橋はあと15分ほどです。

河童橋からは晴れていれば穂《ほ》高連峰《たかれんぽう》を見上げることができます。私が歩いたこの時は残念ながら雲が出て山頂は見えませんでした。橋近くでは買い物やグルメも楽しめます。

河童橋周辺で一息ついたら更に奥へ。約15分で岳沢湿原に辿り着きます。六百山を目の前に伸び一つすれば最高にリラックスした瞬間が訪れます！

上高地で贅沢なひと時
翌朝は穂高に朝のあいさつ

最後は再び河童橋へ。この夜は大自然に抱かれた上高地ステイを満喫するのがオススメ。私は、この時は五千尺ホテルに宿を取りました。ここは創業100年あまりの歴史あるホテル。宿泊した最上階4階のお部屋では窓から梓川、河童橋、焼岳、穂高岳が見えました。ディナーは充実コースのフランス料理！ 普段には無い贅沢なひとときは最高に幸せな時間でした。

翌日は、早朝の散策がオススメ。私には、この時、前日に見られなかった穂高の山頂が朝晴に顔を見せてくれるという素敵な出来事がありました。

アクセス

交通機関：
・JR松本駅から松本電鉄に乗り約30分で新島々駅へ。新島々駅から路線バス（1日12便）で約50分で大正池へ。

マイカー：
・松本ICから約1時間で沢渡駐車場へ（約2000台）。沢渡駐車場からシャトルバス（約30分おき）で、約20分で大正池へ。
※上高地は通年マイカー規制

DATA

所在地：長野県松本市
標高：約1,500m
累積標高：（上り）約59m、（下り）約50m
歩行距離：約5.7km
歩行時間：約1時間30分
コースタイム：
大正池→20分→田代池→20分→田代橋→15分→上高地バスターミナル→5分→河童橋→15分→岳沢湿原→15分→河童橋
開山：4月27日〜11月15日

ミシュランガイド三ツ星の山に
王道コースで登る！

02

高尾山《たかおさん》（東京）

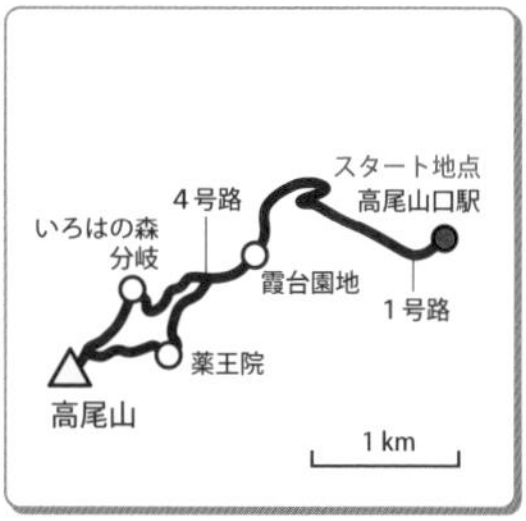
スタート地点
高尾山口駅
1号路
霞台園地
4号路
いろはの森
分岐
薬王院
高尾山
1 km

YouTubeへGo!

1号路～4号路コース

2020年3月12日撮影

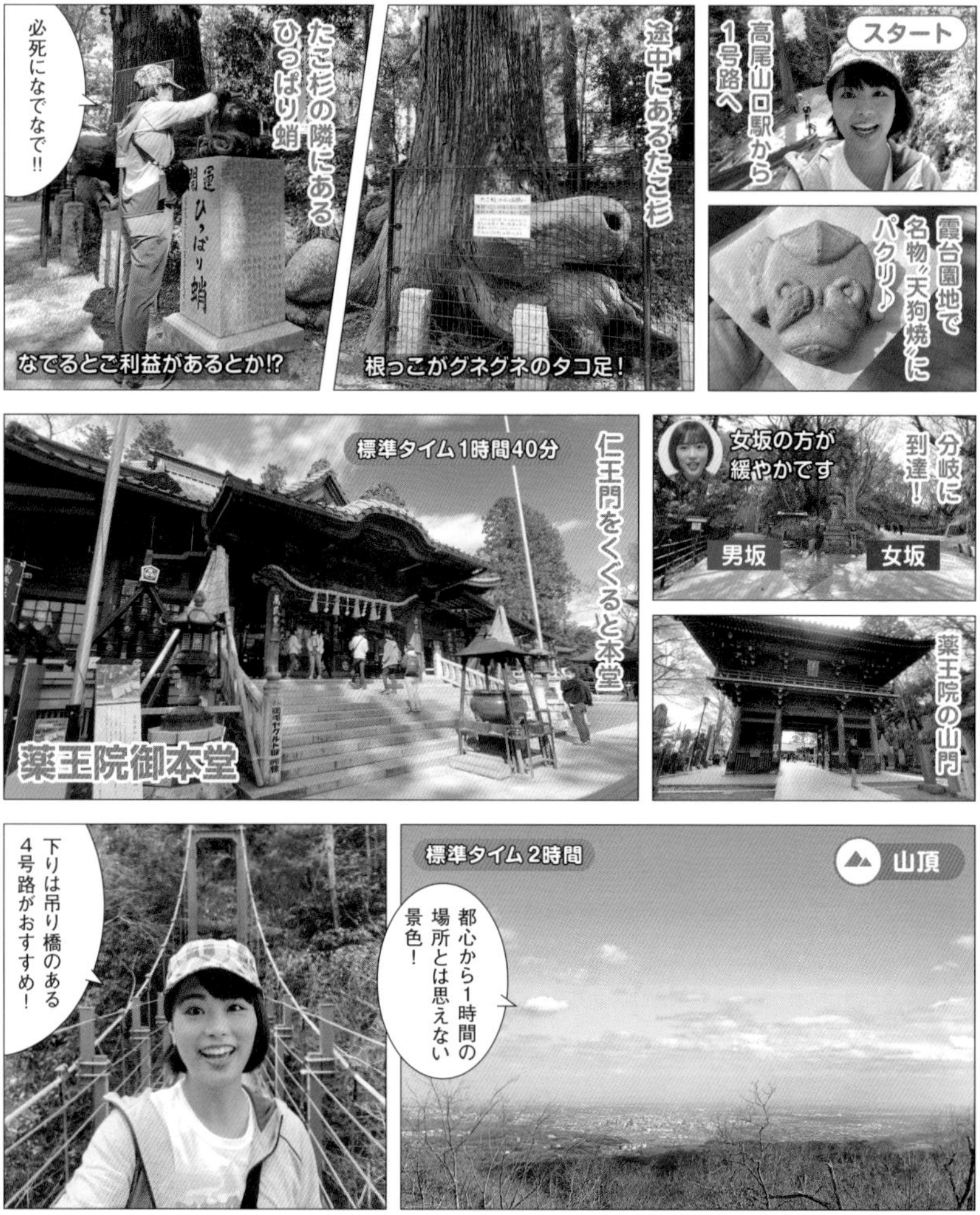
スタート
高尾山口駅から1号路へ
霞台園地で名物〝天狗焼〟にパクリ♪
途中にあるたこ杉
根っこがグネグネのタコ足！
たこ杉の隣にあるひっぱり蛸
必死になでなで!!
なでるとご利益があるとか!?
開運 ひっぱり蛸
分岐に到達！
女坂の方が緩やかです
男坂
女坂
薬王院の山門
仁王門をくぐると本堂
標準タイム 1時間40分
薬王院御本堂
山頂
標準タイム 2時間
都心から1時間の場所とは思えない景色！
下りは吊り橋のある4号路がおすすめ！

1号路で霞台園地《かすみだいえんち》へ 名物・天狗焼にパクリ！

都心から1時間ほどで気軽に自然とふれあえる高尾山は優れた観光地としてミシュランガイド三ツ星に輝いています。ライトな山なので登山初心者にもおすすめ。今回は、一番メジャーな1号路を登ります。

1号路は、観光客も多く歩きやすい舗装路ですが、意外にも序盤から急なところもあってあなどれません。

30～40分でケーブルカー乗り場のある霞台園地に辿り着きます。ここでは、食べるべきグルメがあります！ それは「天狗焼」！ 高尾山は天狗の棲む山。それも幸運をもたらし、災いを遠ざけるいい天狗です。

高尾山から望む青空と富士山

秋の高尾山の登山道から見た都心の様子

天狗がお迎えする薬王院《やくおういん》 首都のビル群と自然が融合

さらに行くと現れるのは「たこ杉」。曲がりくねった根っこがまるでタコの足のよう。隣には撫でると引っ張りだこになれる〝ひっぱり蛸〟が。

男坂・女坂の二手に分かれた道は、緩やかな女坂の方へ。

1時間40分くらいで薬王院の山門に。中に入り、仁王門を潜ると本堂があります。この薬王院を過ぎると、山頂まであともうひと踏ん張り。

そして山頂！ 首都圏のビル群と自然が美しいコンビネーションを成し、晴れていれば富士山が迎えてくれます。

下りは4号路から。この登山道は舗装されてないので登山靴がベター。思いがけない見どころは吊り橋です。1号路に合流したら、景色の良いリフトで降りるのもおすすめです。

アクセス

交通機関：
・京王線高尾山口駅より徒歩5分で登山道入口のあるケーブルカー清滝駅へ。
マイカー：
・中央自動車道八王子JCT経由、圏央道高尾山ICを降りて新宿方面へ約5分。
※駐車場有

DATA

所在地：東京都八王子
標高：599m
累積標高：（上り）約478m、（下り）約469m
歩行距離：8.5km
歩行時間：約3時間54分
コースタイム：
高尾山口駅→67分→霞台園地→30分→薬王院→20分→山頂（大見晴台）→23分→いろはの森分岐→36分→霞台園地→58分→高尾山口駅
無雪期：1月～11月

男体山
女体山
御幸ヶ原
弁慶茶屋跡
つつじヶ丘
スタート地点
筑波山神社入口
500 m

関東平野一望の百名山を
日帰り低山ハイク！

03

（茨城）筑波山《つくばさん》

YouTubeへGo!

御幸ヶ原コースなど

2020年3月3日撮影

スタート
筑波山神社からスタート！
はぁ…
実は結構キツ～い
なんとか着いた！
次は男体山と
女体山へ
山頂手前の
御幸ヶ原に着いた！
山頂
女体山頂の
大パノラマ！
標準タイム 2時間25分
ガマ石の口に石投げ！
石が入れば運気アップ!?
弁慶七戻り
弁慶も7回戻ったそうです
大きな岩が、
今にも落ちて
きそう！
最後は
なだらかな道に！
つつじヶ丘に
到着！

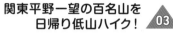

筑波山のロープウェイ

意外とタフなコース まずは御幸ヶ原《みゆきがはら》を目指す

筑波山は標高が900m弱で、百名山では最も低く、ケーブルカーもあり登山者だけでなく観光客も多く訪れます。今回は筑波山神社から山頂を経由し、つつじヶ丘へ下山するコース。まずは山頂の手前にある御幸ヶ原を目指します。手軽に登れるイメージのある山ですが、意外にも急登が続き、コースに大きな岩や木の根がたくさんありタフな道のりです。

スタートしてから90分で御幸ヶ原へ辿り着きました。ここには売店や茶屋の他、バーナーが使えるエリアがあるので、山ごはん作りに挑戦するのもおすすめです。

男体山山頂からの景色

男体山《なんたいさん》と女体山《にょたいさん》 大パノラマが広がる！

筑波山には2つの山頂があります。御幸ヶ原から、まずは低い方の男体山へ。頂上へは15分ほどで辿り着き、晴れていれば富士山を望むことも！

次は、一旦、御幸ヶ原へ戻りもう一つの山頂・女体山へ。途中にあるガマ石はカエルのような形をした大きな岩。その〝ガマ口〟に石を投げ入れると金運が上がると言われています。

そして、女体山頂へ。そこでは、関東平野を一望する大パノラマが広がっています。

下りはつつじヶ丘を目指します。このルートは奇岩の宝庫。その一つ〝弁慶七戻り《べんけいななもどり》〟は、今にも大きな岩が落ちてきそうで弁慶が七回戻ったそうです。つつじヶ丘へは、女体山から筑波山ロープウェイでも降りられるので利用するのもおすすめ。

アクセス

交通機関：
- つくばエクスプレスつくば駅・つくばセンターから、直行筑波山シャトルバスで筑波山神社入口前まで約10分、つつじヶ丘まで約15分。

マイカー：
- 常磐自動車道土浦北IC〜国道125号線〜県道14号線〜県道42号線（約40分）。
- 北関東自動車道桜川筑西IC〜国道50号線〜県道41号線経由筑波山方面へ（約40分）。

※駐車場有

DATA

所在地：茨城県つくば市
標高：877m
累積標高：（上り）約730m、（下り）約431m
歩行距離：5.0km
歩行時間：約3時間45分
コースタイム：
筑波山神社入口→5分→宮脇→70分→男女川源流→30分→御幸ヶ原→10分→男体山→10分→御幸ヶ原→20分→女体山→40分→弁慶茶屋跡→40分→つつじヶ丘
無雪期：1月〜12月

ケーブルカーに乗って
気分は大山詣り！
04

大山《おおやま》（神奈川）

大山
唐沢峠分岐
富士見台
16丁目
見晴台
阿夫利神社
スタート地点
500 m

YouTubeへGo!

本坂～雷ノ峰尾根コース

2021年2月16日撮影

“さくらや”に寄り道！
名物ののれんをパシャリ！

スタート
ケーブルカーで阿夫利神社駅へ

かぼちゃのお団子を食す！
お団子でカロリー補給！

阿夫利神社の下社に到着！
創建は紀元前97年、崇神天皇の時代
大山阿夫利神社

侮ることなかれ！
本格的な登りが続く！

山頂
スカイツリーや江ノ島も見えます！
標準タイム1時間30分

下りは雷ノ峰尾根から
鎖場は要注意！

下山後、境内でごほうび！
枡ティラミス♪

夏の大山・阿夫利神社からの景色

まずはケーブルカーで阿《あ》夫《ふ》利《り》神社《じんじゃ》へ

丹沢山塊の東に位置する大山は、江戸時代には大山詣りが関東一円で流行し、庶民に親しまれた信仰の山です。

今回はケーブルカーを使います。終点・阿夫利神社駅まで上がり、そこから参道で阿夫利神社まで歩きますが、途中でちょっと寄り道。茶屋「さくらや」の「ルーメソ」ののれんで記念撮影！ラーメンののぼりを間違えてつけたのが面白かったので、そのままにしたところ茶屋の名物となったのでした。

境内で振り返ると眼下に相模湾が一望！実はここは標高がすでに７００ｍもあるのです。

あんこたっぷり、皮モチモチの大山まん志う

本坂ルートで山頂へ ここから本格登山！

境内左奥の登《と》拝門《はいもん》から本坂ルートを登ります。スタート直後から急な階段が続き、次いで岩の階段が続きます。

樹齢６００年の〝夫婦杉〟、山頂までの目安となる28個の〝丁石《ちょういし》〟、丸い穴が開いている〝天狗の鼻突き岩〟、眺めの良い〝富士見台《ふじみだい》〟を巡り、約１時間20分で山頂に到着です。

山頂からは静岡・東京方面を一望できます。景色を見ながらのおやつには〝大山まん志う〟はいかが？麓の銘菓店「良《ろう》弁《べん》」の名物です。

下りは、雷ノ峰尾根《いざづちのみねおね》を下るルート。本坂よりなだらかですが、途中の鎖場に注意。頂上から１時間半ほどで、阿夫利神社に戻ります。境内では茶寮石《さりょうせき》尊《そん》で、ごほうびの〝枡《ます》ティラミス〟もおすすめです。

アクセス

交通機関：

・小田急線「伊勢原駅」から神奈川中央交通バスでバス停「大山ケーブル」まで約30分。

マイカー：

・新東名伊勢原大山インターから約10分。
東名厚木インターまたは秦野中井インターから約40分。
※駐車場有。

DATA

所在地：神奈川県伊勢原市、厚木市、秦野市
標高：1,252m
累積標高：（上り）約938m、（下り）約934m
歩行距離：5.5km
歩行時間：約2時間45分
コースタイム：
阿夫利神社駅（山上駅）→40分→16丁目→50分→大山→50分→見晴台→25分→阿夫利神社駅（山上駅）
無雪期：1月～12月

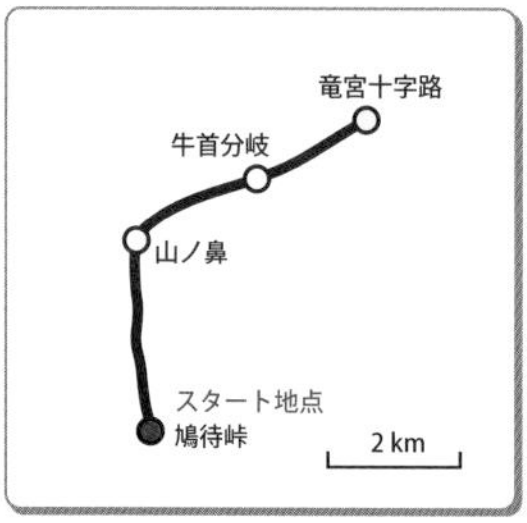
竜宮十字路
牛首分岐
山ノ鼻
スタート地点
鳩待峠
2 km

二つの百名山を眺める絶景ハイク！
秋の尾瀬をゆっくり歩く！

05

（群馬）尾瀬ヶ原《おぜがはら》

YouTubeへGo!

鳩待峠～竜宮十字路コース

2020年10月20日撮影

標準タイム 56分
山ノ鼻から少し行くと広～い尾瀬ヶ原に！
さえぎるものがなくて最高！

スタート
鳩待峠から尾瀬ヶ原を目指す！
鳩待峠をスタートして10分ほど下ると木道が始まります

湿原の池「池塘」

帽子が飛ばされそう！
この日は風が強かった！

燧ヶ岳を正面に絶景ハイキング

帰りは鳩待峠に向かって登り
長く歩いた後の登りはツライ～！

竜宮十字路で折り返し
ちょっと休憩してお昼ごはん！
標準タイム 1時間58分

尾瀬の湿原は広い！ 東西に6km、南北に2km、本州最大の高層湿原

山ノ鼻《やまのはな》までは木道を下る熊鈴を見て少し不安に!?

福島、新潟、群馬、栃木の4県にまたがり2000mを超える山々に囲まれた尾瀬。歌にあるように6月の水芭蕉や夏に咲き乱れる高山植物は有名ですが、紅葉の時期もまた素晴らしい景色を見せてくれます。私が歩いた10月は、紅葉がピークを少し過ぎた頃でした。

今回ご案内するのは鳩待峠《はとまちとうげ》から尾瀬ヶ原に下りて竜宮十字《りゅうぐうじゅうじ》路《ろ》まで歩き折り返してくるコース。鳩待峠をスタートすると山ノ鼻までは下りとなります。

途中、道の脇に鐘が設置されていますが、これは熊よけのため。尾瀬ヶ原では熊の目撃情報が少なくありません。鐘を鳴らして人間の存在を知らせながら歩きます。1時間ほどで山ノ鼻に到着です。

燧ヶ岳《ひうちがたけ》、至仏山《しぶつさん》を望み湿原を歩く気持ちよさ

山ノ鼻からがいわゆる尾瀬ヶ原というエリア。長さ6km、幅2kmは本州最大の高層湿原で、域内には湿原の保護のため木道が設置されています。竜宮十字路を目指して歩き始めると一面は草紅葉で黄金色に染まり、正面に燧ヶ岳を見ながら至仏山を背負って進みます。点在する「池塘《ちとう》」と呼ばれる湿原にできる池も見所のひとつです。

鳩待峠から2時間半ほどで竜宮十字路に着き、休憩を終えた後に折り返して鳩待峠へ。

山ノ鼻から鳩待峠は帰り道で登りとなるので最後まで気が抜けません。でも、それ以外は平坦なので、ハイキングにぴったりなコースだと思います。

池塘の水面に浮かぶヒツジグサが印象的

アクセス

交通機関：
・上越新幹線「上毛高原駅」・JR上越線「沼田駅」から関越交通バスで「戸倉」へ。「戸倉」から関越交通バス20分で「鳩待峠」へ。

マイカー：
・関越道沼田ICから約50kmで鳩待峠駐車場へ。駐車場有（120台）。※例年5月下旬〜10月中旬はマイカー規制が敷かれているため、駐車場の多い尾瀬戸倉に車を停めて、乗合バスや乗合タクシーなどの利用が推奨される。

DATA

所在地：福島県南会津郡檜枝岐村、群馬県利根郡片品村
標高：1,400m
累積標高：（上り）約182m、（下り）約193m
歩行距離：14.1km
歩行時間：約4時間5分
コースタイム：
鳩待峠→56分→山ノ鼻→33分→牛首分岐→29分→竜宮十字路→29分→牛首分岐→33分→山ノ鼻→65分→鳩待峠
無雪期：5月〜10月

石割山
石割神社
富士見平
鳥居
平尾山
スタート地点
ハイキングコース入口
1 km

富士の絶景&石割神社でご利益アップ！

06

（山梨）石割山

いしわりやま

YouTubeへGo!

石割山ハイキングコース

2020年12月2日撮影

スタート
ハイキングコース入口
不動明王の鳥居が目印
登りはじめは長〜い階段！
その数、なんと403段！
めざせ！
石割神社へ
石割神社に到着！
石の字の形に割れた大岩が御神体。開運・厄除・追儺・長寿息災のご利益あり
標準タイム1時間10分
岩の隙間を3回通るとご利益
幅60センチほど
神社から先は結構急！
キツい！
山頂
石割山頂に到着！
富士山がドドン!!
石割山
標準タイム1時間35分

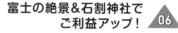

早朝、石割山から見た秋の富士山

石割神社を通るコース富士山の景色が圧巻！

山中湖周辺で一番高い山が石割山。八合目にある石割神社でも知られる山です。

ハイキングコースへの入口は、国道413号沿いの赤い鳥居が目印。そこから15分ほど歩いて橋を渡り、鳥居を抜け階段を登ります。その数なんと403段！　15分ほどかけて登りきると富士見平へ。晴れていれば富士山の眺めがごほうびです。

その先の登山道は歩きやすく約1・5時間で石割神社へ。石の字の形に割れた大岩が御神体で、ここは古事記にある「天《あま》の岩《いわ》戸《と》」伝説の地と言われているそうです。この岩の隙間を3回通るとご利益があるそうで、これはやらないワケにはいきません。神社からは比較的急で険しい登りになります。30分ほど歩くと目の前が開けてきます。

そして山頂！　標高1413mでは、雲からドドンと顔をのぞかせた富士山が美しい！

歯ごたえとコシがとても強い吉田うどん。キャベツが入っていて、スープは味噌ベース

下りは平《ひら》尾《お》山《やま》を経由する周回コースで入口へ戻る

下りは平尾山を経由して入口へ戻る周回コースを行きます。下り始めは傾斜が急なので足元に注意しましょう！

山頂から35分ほどで平尾山への分岐に到着します。ここでは道なりに右の方へ。5分ほどで山頂に到着します。

下山は、先ほどの分岐まで戻り分かれ道を右へ。舗装路に出て行きの道に合流し、ハイキングコース入口に戻ります。ご当地グルメ・吉田うどんを食べて帰るのもおすすめです！

アクセス

交通機関：
- 富士急行富士山駅から富士急山梨バス「ふじっ湖号」で「石割山ハイキングコース入口」バス停下車

マイカー：
- 中央自動車道山中湖ICから約20分。
  登山道の入口赤い鳥居前に駐車場有（普通車30台）

DATA

所在地：山梨県南都留郡山中湖村、都留市
標高：1,413m
累積標高：（上り）約431m、（下り）約421m
歩行距離：6.5km
歩行時間：約3時間5分
コースタイム：
石割山ハイキングコース入口→20分→鳥居→25分→富士見平→25分→石割神社→25分→石割山→40分→平尾山→50分→石割山ハイキングコース入口
無雪期：1月〜12月

南アルプス北端で
花も眺望も美しい湿原歩き

07

入笠山《にゅうかさやま》（長野）

YouTubeへGo!

入笠山頂コース

2020年7月15日撮影

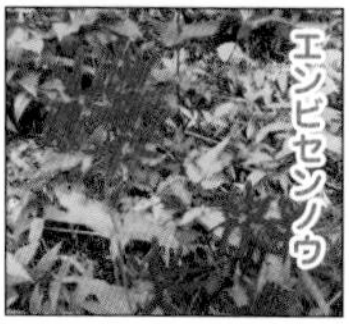

入笠山山頂から望む八ヶ岳

高山植物を見ながら ゆっくり入笠湿原を目指す

山野草が100種類以上も咲き乱れ、花の宝庫と呼ばれる入笠山。5月~8月の間、日本スズランなどの高山植物が登山者の目を楽しませます。また、標高1995mの山頂からは八ヶ《やつが》岳《たけ》をはじめ多くの山々を望むことができます。

登山口があるのは標高1780mのところ。富士見パノラマリゾートからゴンドラに乗ってアクセスすることができ、その手軽さから年間を通して多くの登山者が訪れます。登山口から頂上までは1時間くらいですが、私が訪れた7月は高山植物の最盛期で、写真を撮りながらゆっくりと歩きました。

マナスル山荘名物ビーフシチュー。お肉はほろほろ

道沿いにはヒヨドリバナ、センジュガンピなどたくさんの花が咲いていて、撮影していると前に進めなくなります。

入笠湿原はアヤメが見頃 山頂はあいにくの雲の中

入笠湿原までは緩やかな下りが続きます。7月の湿原では紫のノハナショウブやアヤメがキレイに咲いていました。

湿原の先はゆるい登りが続き、マナスル山荘に到着します。ここは絶品ビーフシチューが有名！ランチに立ち寄ってみてはいかがでしょうか。

この先は、山頂まで急な登りが続き、山荘から約30分で登頂。私が登った時はあいにくの天気でしたが、晴れていれば南アルプスや富士山、八ヶ岳を眺められる素晴らしい山頂です。帰りは来た道を戻って、ゴンドラで下ります。

アクセス

交通機関：
- JR中央本線富士見駅から富士見パノラマリゾートのシャトルバスで約10分（無料）で富士見パノラマゴンドラ山麓駅。山頂駅まではゴンドラすずらんで約10分。

マイカー：
- 中央自動車道諏訪南ICから7分で富士見パノラマリゾート。駐車場2000台有。富士見パノラマゴンドラ山麓駅から山頂駅まではゴンドラすずらんで約10分。

DATA

所在地：長野県伊那市、諏訪郡富士見町
標高：1,955m
累積標高：（上り）約322m、（下り）約322m
歩行距離：3.6km
歩行時間：約1時間45分
コースタイム：
山頂駅→15分→入笠湿原→10分→御所平峠→30分→入笠山→20分→御所平峠→10分→入笠湿原→20分→山頂駅
無雪期：5月～11月

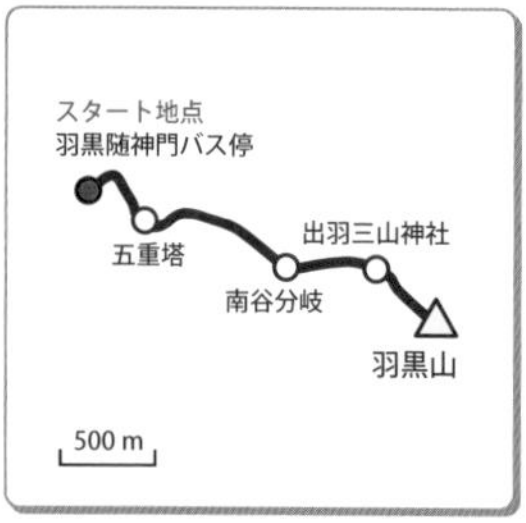
スタート地点
羽黒随神門バス停
五重塔
南谷分岐
出羽三山神社
羽黒山
500 m

出羽三山《でわさんざん》の一峰へ
2,446段の石段を歩いて参拝！

08

（山形）羽黒山《はぐろさん》

YouTubeへGo!

羽黒山参拝コース

2021年9月23日撮影

スタート
修験の山、羽黒山
白装束で登る

先達さんの法螺貝で出発！
ブォー!!

国宝の五重塔を通過！

急登・二ノ坂を登る！
（別名"油こぼしの坂"）
二ノ坂は勾配が一番キツい！
標準タイム 31分

二ノ坂茶屋で休憩

力餅とお抹茶でひと休み

最後の坂、三ノ坂を登る！

山頂
出羽三山神社に到着！
標準タイム 1時間21分

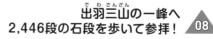

随神門《ずいしんもん》から石段を登る！ まずは二ノ坂茶屋まで

初夏、出羽三山神社の杉並木と参道

月山《がっさん》、羽黒、湯殿《ゆどの》の出羽三山は日本有数のパワースポット。3つをめぐることを生まれ変わりの旅というそうです。その一つ羽黒山で、随神門から山頂にある出羽三山神社を目指す羽黒山参拝コースを、レンタルの白装束を着て歩くのはいかがですか？ 先達の方に案内してもらいながら、山頂まで続く2446段の石段を上ります。

一ノ坂をしばらく上ると、急な階段が続く二ノ坂へ。ここは、勾配が一番きつい、別名〝油こぼしの坂〟。弁慶が奉納する油をこぼしたため、〝油こぼしの坂〟と呼ばれているそうです。急坂を登り切ると二ノ坂茶屋に到着です。

山頂近くの「斎館」では山麓でとれる旬の山菜を使った精進料理が楽しめる

出羽三山神社と山頂へ！ 羽黒三神合祭殿《はぐろさんじんごうさいでん》でお参り

登り始めてから1時間半ほど、最後の坂、三ノ坂を登り終えると鳥居が現れ、ここをくぐって出羽三山神社へ。羽黒、月山、湯殿の三神を祀った羽黒三神合祭殿でお参りすると、三神にお参りしたことになるそうです。また、開山の593年と同じ丑年に参拝すると12年分お参りしたことになるとのことです。

登頂後は、山頂近くの羽黒山参籠所「斎館」で精進料理をいただくのがおすすめです。

このコースとは別に、江戸時代まで表参道としてにぎわった「羽黒古道」と呼ばれるトレッキングコースもあり、こちらは山頂まで1時間半ほどで登ることができます。

山岳信仰という日本独特の文化を感じながら登るという得難い体験となりました。

アクセス

交通機関：
- 鶴岡駅前から庄内交通バスで羽黒随神門バス停へ(約35分)。

マイカー：
- 山形自動車道・酒田線「庄内あさひIC」から約15km、20分。随神門前に駐車場有（約120台）。

DATA

所在地：山形県鶴岡市
標高：414m
累積標高：（上り）約 359m、（下り）約 354m
歩行距離：4.0km
歩行時間：約2時間17分
コースタイム：
羽黒随神門バス停→1分→随神門→8分→一ノ坂 →22分→二ノ坂→19分→三ノ坂→31分→羽黒山→55分→随神門→1分→羽黒随神門バス停
無雪期：4月～11月

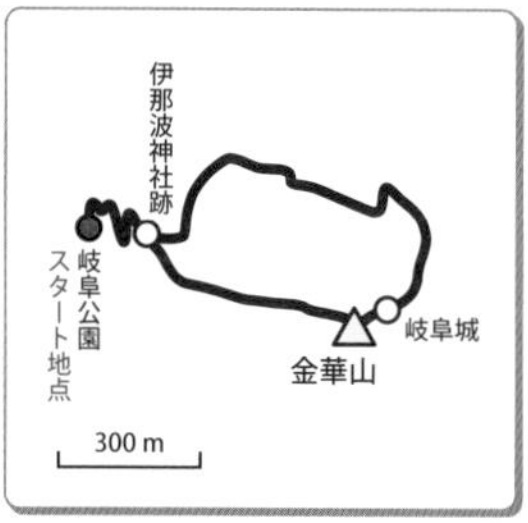
伊那波神社跡
岐阜公園
スタート地点
金華山
岐阜城
300 m

岐阜城と抜群の眺望!
岐阜市のシンボルに登る

09

（岐阜） 金華山《きんかざん》

YouTubeへGo!

馬の背登山道～めい想の小径コース

2020年11月1日撮影

スタート
岐阜公園をスタート!
歩き始めは緩やか
馬の背登山道を行く!
険しい!!
一旦、緩やかになるけど、後半も結構急!
山の上に建つ岐阜城
昭和31年に再建されたもの
山頂
御嶽山、恵那山、乗鞍岳、岐阜市内が一望!
標準タイム1時間10分
「めい想の小径」を下山
下りは緩やか♪
三重塔
ゴール地点にあります。
五平餅!
おすすめです!

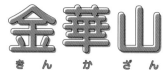

ツブラジイの金の花が咲く金華山と岐阜城

登りは最も険しいという 馬の背登山道を歩く

金華山は岐阜市のシンボルといえる山。市中心部にあって頂上には織田信長が居城とした岐阜城があります。私も小さい頃に登った思い出の山です。

山頂近くまでロープウェイで行くこともできますが、今回は10ある登山道のうち最も険しいという馬の背登山道を登りました。その入口は岐阜公園内にある登山口から20分ほど登ったところ。案内板には「老人・幼児には無理」という文字が！ しかし、普段から登山をしている人には十分登れる道です。

と言ってもコースに入ると結構急！ ただ、きつい登りは、しばらくして一旦終わります。

山頂から市内を一望 下りは「めい想の小径」で

頂上手前にある急な階段を登り、1時間15分ほどで頂上に辿り着きます！

頂上には再建された岐阜城があり、展望スポットからは御嶽《おんたけ》山《さん》、恵那山《えなさん》、乗鞍岳《のりくらだけ》、岐阜市内が一望できます。

岐阜公園と金華山を結ぶ金華山ロープウェイ

ちなみにかつて井ノ口《いのくち》と呼ばれていたこの土地を岐阜と改めさせたのは信長です。彼はこの景色を見ながら天下統一を夢見ていたのでしょうか？

帰りは「めい想の小径」を歩きました。傾斜が緩やかで馬の背より危険は少ないです。

伊吹山《いぶきやま》のビューポイントを抜け、リスに遭遇しながら、岐阜公園の三重塔へ下山。下山後は公園内にある茶屋でご当地グルメ「五平餅」を食べるのがおすすめです！

アクセス

交通機関：
- JR岐阜駅（11・12・13番乗り場）または名鉄岐阜駅（4番乗り場）からN系統（長良橋方面）及び市内ループ左回りバス乗車。「岐阜公園・歴史博物館前」下車 徒歩3分。

マイカー：
- 東海北陸道「岐阜各務原インターチェンジ」から約20分。

DATA

所在地：岐阜県岐阜市
標高：329m
累積標高：（上り）約 307m、（下り）約 304m
歩行距離：2.7km
歩行時間：約2時間8分
コースタイム：
岐阜公園→15分→伊那波神社跡→55分→金華山→3分→ 岐阜城→4分→鼻高ハイキングコース分岐→41分→伊那波神社跡→10分→岐阜公園
無雪期：1月〜12月

スタート地点
湯の山温泉
キレット
富士見岩
国見峠
御在所岳
中道登山口
1 km

秋に染まりゆく鈴鹿《すずか》の名山で
奇岩と紅葉に出会う!

10

御在所岳

（三重・滋賀）

ございしょだけ

YouTubeへGo!

中登山道コース

2020年10月18日撮影

スタート
登山口から木の階段を抜け急で岩が多い道が続く
結構タフ!
おばれ岩など奇岩で有名な山!
大きい!
現在、五合目!
ここが山頂!
ミニキレット
八合目から紅葉が始まる
山頂
御在所岳 頂上1212M
滋賀県 三重県
着きました!
山頂からの眺め
この日は雲が出て遠くは見えませんでした。
標準タイム 3時間40分

御在所岳の地蔵岩から見た四日市の街並み

一番メジャーな中道を登り 有名なおばれ岩まで

御在所岳は、三重と滋賀の県境をほぼ南北に走る鈴鹿山脈の主峰をなす山です。名高い紅葉は、山頂で10月中旬から染まり始め、麓の湯の山温泉まで1ヶ月かけて降りていきます。

そして、たくさんの登山コースが整備されていて初級者から上級者まで楽しめる山です。

今回登るのは、一番メジャーな中道（中登山道）で、初級者向き。と言っても登山口から本格的な登山が始まり、山頂まで標高を1000m近く上げていくので十分な体力が必要です。

初めから急坂が続き、少し開けたところに出て鎖場を過ぎ、登り始めから1時間15分ほどで、中道で有名な奇岩・おばれ岩があります。

紅葉する御在所岳とロープウェイ

ミニキレットを越えて 紅葉が色づく山上へ

五合目に到着すると御在所岳の山頂が顔を見せます。

六合目を過ぎるとキレットが出現します。これはV字状に深く切れ込んだ場所で登山では難所。でもここのはミニキレットで短く、あまり高所感や恐怖感はありません。その先も岩場や鎖場が続くので要注意！

舗装路に変わる九合目以降は登りが緩やかになります。訪れた10月中旬は八合目から紅葉が色づき始めていました。そして最後の階段を登りきって登頂！そして近くの展望台からは鈴鹿の山々や琵琶湖《びわこ》が一望です。

下りは九合目まで歩いて、そこからリフトとロープウェイで下山するのもありです。

アクセス

交通機関：
近鉄湯の山温泉駅から三重交通バスで湯の山温泉バス停へ。約10分。
マイカー：
新名神高速道路菰野ICより約10分。駐車場あり。

DATA

所在地：三重県三重郡菰野町、滋賀県東近
標高：1,212m
累積標高：（上り）約 1,142m、（下り）約 285m
歩行距離：4.8km
歩行時間：約3時間40分
コースタイム：
湯の山温泉→50分→中道登山口→60分→キレット→40分→富士見岩→5分→裏道分岐→30分→国見峠→35分→御在所岳（下りはリフトとロープウェイ）
無雪期：3月〜12月

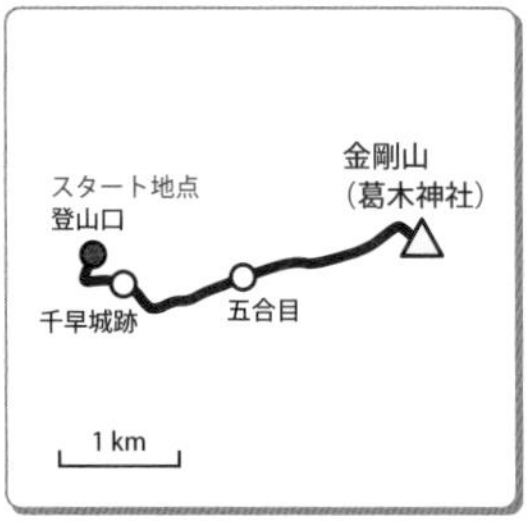
スタート地点
登山口
千早城跡
五合目
金剛山
（葛木神社）
1 km

大阪府最高峰！
歴史も雪も味わい深い低山歩き

11

金剛山《こんごうさん》（大阪・奈良）

YouTubeへGo!

千早本道コース

2022年2月14日撮影

スタート
560段の階段からスタート！
ちょっと心が折れそう……
標準タイム 26分
千早城跡に到着
ここに楠木正成が築いた城があった！
さらに登る
雪がだんだん積もってきた！
山頂
山頂の看板に着いた！
金剛山頂
山頂は雪で真っ白!!
標準タイム 2時間22分
山頂の先に行きたい場所が……
山頂近くの葛木神社に到着
本当の最高地点はこの中にあります。
金剛山 葛木神社
金剛山頂
2022年2月14日
標準タイム 2時間32分

大阪府と奈良県の境目にある金剛山。家族で楽しめるハイキングコースもある

560段のタフな階段！
楠《くすの》木《き》正成《まさしげ》ゆかりの城跡へ

金剛山は大阪府と奈良県の境に位置し、標高1125mは大阪府の最高峰です。また、古くからの歴史にも彩られた山です。

登山ルートは40以上もありますが、今回は最もメジャーな千早本道へ。登り始めは560段の階段が待ち受けます。

登山口から約20分で広場のような場所に到着。ここは、鎌倉時代から南北朝時代に活躍した楠木正成が築いた千早《ちはや》城《じょう》跡です。正成はここに立て篭もり、奇策を用いて鎌倉幕府軍を撃退したことで有名です。

登山者で賑わう山頂の雪景色
少し歩いて葛木《かつらぎ》神社《じんじゃ》へ

二合目を過ぎたあたりで道は少し穏やかになります。ただ、私が訪れたこの時は、2月ということもあり、この辺りから道に雪が積もり始めました。冬は軽アイゼンが必須です。

五合目の「のろし台跡」に辿り着いたのは登り始めて1時間くらい。その後しばらく木の階段が続きます。多くの登山者が訪れるからか道はよく整備されていて歩きやすく感じました。途中で「近道」と「楽な道」に分かれ、その先が山頂！

山頂標識の近くにはテーブルやベンチがあり登山者で賑わいます。そして山頂標識から少し歩いて葛木神社。実は、本当の最高地点はこの中にありますが、神域のため入ることができません。ここでお参りをしたら下山は来た道を戻ります。

青空の下、樹氷の花に囲まれた冬の金剛山

アクセス

交通機関：
- 近鉄・富田林駅から金剛バスに乗り換え「金剛登山口」で下車（約34分）。
- 南海・河内長野駅から南海バスに乗り換え「金剛登山口」で下車（約26分）。

マイカー：
- 阪和自動車道「美原IC」から約40分。登山口に金剛山登山口千早駐車場がある。

DATA

所在地：奈良県御所市、大阪府南河内郡千早赤阪村
標高：1,125m
累積標高：（上り）約675m、（下り）約671m
歩行距離：5.6km
歩行時間：約4時間4分
コースタイム：
金剛山登山口→26分→千早城跡→51分→あずまや→65分→山頂広場→10分→葛木神社→7分→山頂広場→37分→あずまや→34分→千早城跡→14分→金剛山登山口
無雪期：3月〜12月

山ごはん、召し上がれ!① メスティン編

蒸しパン

**メスティンで蒸してホットケーキミックスをふわっふわに。
コーヒーブレイクにぴったり!**

材料

ホットケーキミックス …… 100g
牛乳 …… 80ml
卵 …… 1個
ドライフルーツミックス …… 適量
水 …… 適量
アルミホイルカップ

アルミカップは100均でいろいろなサイズが売っています!

[作り方]

❶ ジップロックに牛乳と卵とホットケーキミックスを入れる。
❷ 全体が均一な黄色になるまで①を手で揉んで混ぜる。
❸ メスティンに底上げを入れ、水を適量入れる。
❹ アルミカップ2つを底上げの上に置く。
❺ ②のジップロックの端にハサミを入れ、中身を④のアルミカップそれぞれの七分目まで流し込む。
❻ ドライフルーツミックスを彩りよく散らす。
❼ ⑥のメスティンを火にかけ、沸騰したら火を弱めて7〜8分蒸す。

アラビアータ風パスタ

メスティンにジャストフィットなサラスパと市販のペペロンチーノソースで山頂イタリアン！

材料

サラスパ（はごろもフーズ）…… 0.5 袋
チョリソー …… 3～4本
トマトジュース …… 200ml
まぜるだけのスパゲッティソース
ペペロンチーノ（S&B）…… 1袋
水 …… 200ml

トマトジュースが入っているので、少し長めにゆでるとGood！

［作り方］

❶ チョリソーをナナメに切る。
❷ メスティンにサラスパ、水 200ml、トマトジュース、チョリソーを入れる。
❸ ②を火にかけ、硬さをみながら煮る。
❹ まぜるだけのスパゲッティソースを入れる。
❺ トッピングを入れて出来上がり。

焼き鳥缶とキノコの炊き込みごはん

常温で持っていける焼き鳥缶で炊き込みごはん！缶詰の味プラスめんつゆでカンタン味つけ！

材料

無洗米 …… 1合
焼き鳥の缶詰（タレ味）…… 1缶
めんつゆ3倍濃縮 …… 20ml
乾燥きのこ …… 適量
三つ葉 …… 適量
水 …… 200ml

標高が高いと炊きにくいので水を多め、炊飯時間を長めにとるといいですよ！

［作り方］

❶ メスティンに無洗米1合と水 200ml を入れてしばらくおく。
❷ 乾燥キノコを入れる。
❸ 焼き鳥缶を入れる。
❹ めんつゆ 20ml を入れる。
❺ ④を火にかけ、沸騰してから火を弱めて 10 分炊く。
❻ 火を止めて、メスティンをタオルに包んで 10 分蒸らす。

第３章

かほオススメの山! 中級編

初級を脱した人たちにステップアップで登って欲しい11コース。登山開始から下山まで１日がかりで歩く山を中心に、中には標高2000m級や山小屋1泊２日で登るような山も登場しています。更なる山の魅力を！

黒斑山

展望抜群！
2日間で2つの百名山を制覇！

（山梨・長野）瑞牆山《みずがきやま》・金峰山《きんぷさん》

富士見平小屋で小屋泊デビューを

瑞牆山は奥秩父山系の西端に位置する百名山の一座。山梨・長野にまたがる金峰山も〝奥秩父の盟主〟と言われる日本百名山の一座です。この２つの山を同時に登れる富士見平小屋で小屋泊デビューを飾ってはいかがでしょうか？ 私は、初日に瑞牆山、２日目に金峰山に登りました。

瑞牆山
富士見平
小屋
大日小屋
大日岩
瑞牆山荘
スタート地点
砂払ノ頭
金峰山
1 km

YouTubeへGo!

瑞牆山荘〜富士見平小屋〜瑞牆山・金峰山コース

2021年5月10日・11日撮影

1日目：瑞牆山を目指す！

スタート
瑞牆山荘をスタート！
瑞牆山の山頂が見える！
富士見平小屋着！
標準タイム 50分
ここで荷物をデポ
小屋からしばらく下ると桃太郎岩に到着!!
桃が割れてるみたい！
ゴツゴツの岩道
しかも急！
大やすり岩
本当に大きい！
クライミングする人もいます
鎖場を越える
山頂
明日はあそこに登る！
金峰山と富士山！
標準タイム 2時間50分
金峰山へ続く！

2日目：金峰山にアタック！
富士見平小屋をスタート！
スタート
しばらく緩やかな登りが続く
大日小屋を過ぎ鎖場があり
大日岩！
迫力がスゴイッ！
大日岩で休憩
富士見平小屋のドライフルーツパン！
稜線に出た！
キャー！風が強い！
山頂付近は岩がゴロゴロ！
山頂に到着！
山頂
景色は見えず…（；；）
標準タイム 3時間30分

山頂には「五《ご》丈《じょう》石《せき》」がそびえる

富《ふ》士《じ》見《み》平《だいら》小屋に荷物をデポ まずは一つ目の瑞牆山へ

出発は瑞牆山荘。開始10分で本格的な登りになり、登山口から50分で富士見平小屋に到着します。ここで荷物を置いて（デポと言います）小さなアタックザックで山頂へ向かいます。

小屋からはしばらく緩やかな登り。その後、長い下りを終えると桃が割れたような形の桃太郎岩が現れ、その後はしっかりした登りになります。急な岩の道が続き、小屋から1時間20分くらいで“大ヤスリ岩”の下に到着します。

富士見平小屋の売店はおシャレな雰囲気

ここまで来たら残りあと少し！鎖場をクリアしハシゴを越えれば山頂へ到着！遠く富士山、南アルプス、八ヶ岳が見渡せます！明日登る金峰山も目の前に見えています。

下りは来た道を戻り、富士見平小屋で宿をとりましょう。

2つ目の百名山・金峰山 瑞牆山荘へ下山

翌朝、金峰山に向けて富士見平小屋を出発し、緩やかな登山道を1時間ほど歩くと大日《だいにち》小屋にたどり着きます。その後は少し登りがハードになる印象で、鎖場も数カ所あります。

見上げるほど大きな大日岩に到着したら小休止をとりましょう。おやつには富士見平小屋で購入したドライフルーツ入りのパンを食べました。

大日岩からしばらくは急坂と緩やかな道の繰り返し。5月なのに道が凍結しているところがあり、この時期は軽アイゼンの携行が望まれます。稜線では風が強く吹き付けていました。

分岐は標識に従って山頂方面へ。大きな岩がゴロゴロする道を登ると、いよいよ山頂の標識を発見！天気が良ければ南アルプス、富士山など360度のビューが楽しめます！

帰りは来た道を戻り、富士見平小屋で荷物を回収し、瑞牆山荘まで下山しましょう。

アクセス

交通機関：
- JR中央本線韮崎駅から山梨県峡北交通の瑞牆山荘行バスで終点の瑞牆山荘まで（約1時間10分）。

マイカー：
- 中央自動車道須玉ICから県道23号線を利用し、増富温泉峡を通過して瑞牆山荘周辺駐車場へ（無料120台）。須玉ICから約35分。

DATA

所在地：山梨県北杜市・甲府市、長野県南佐久郡川上村
標高：約2,230m（瑞牆山）、約2,599m（金峰山）
累積標高：（上り）約1,814m、（下り）約1,814m
歩行距離：約13.5km
歩行時間：約11時間20分
コースタイム：
瑞牆山荘→50分→富士見平小屋→120分→瑞牆山→90分→富士見平小屋→60分→大日小屋→150分→金峰山→120分→大日小屋→50分→富士見平小屋→40分→瑞牆山荘
無雪期：5月〜11月

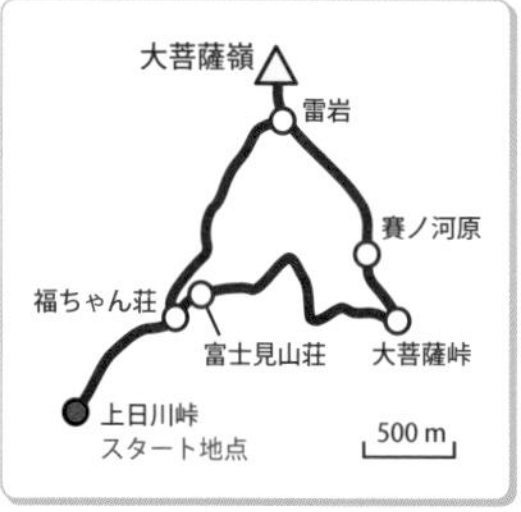
大菩薩嶺
雷岩
賽ノ河原
福ちゃん荘
富士見山荘
大菩薩峠
上日川峠
スタート地点
500 m

尾根道から富士山アルプスを一望…!? 02

（山梨・長野）

大菩薩嶺《だいぼさつれい》

YouTubeへGo!

上日川峠、大菩薩嶺、大菩薩峠周回コース

2020年6月24日撮影

スタート
上日川峠・ロッヂ長兵衛
ここを起点にすると登りが楽！

大菩薩嶺（登山道）
登山道を登ります

唐松尾根へ
きゅ、急登が！

雷岩に到達！
でも、ガスっててよく見えない

山頂
山頂には眺望がありません
標準タイム 1時間30分

あ！青空が出てきた！

とうとう見えた！晴れてくれて、よかった♪
大菩薩湖

大菩薩峠でひと休み
この後、福ちゃん荘を経由して上日川峠に下りました
大菩薩峠
山梨県
標準タイム 2時間10分

大菩薩嶺稜線から望む朝の富士山と大菩薩湖

上日川峠《かみひかわとうげ》をスタート地点に 唐松尾根《からまつおね》を登る

大菩薩嶺は山梨県東部にある日本百名山の一峰。山頂に展望はありませんが、雷岩《かみなりいわ》から大菩薩峠までの尾根道は、富士山や南アルプスが一望です。

春の青空に大菩薩峠の風景

この山を歩くには4～11月の土日にバスが出る上日川峠から4時間弱で歩く周回ルートがおすすめ。標高1500mを超える場所からスタートできるので、割と楽に登れます。

上日川峠は標高1580m。ロッヂ長兵衛《ちょうべえ》があります。峠から山道を歩くこと30分、福ちゃん荘を通過します。ここで道が二手に分かれるので、左の唐松尾根に向かいます。名前の通り唐松が生えています。

雲が出た山頂・雷岩付近 果たして尾根道の眺望は？

途中の急登を登っていくと視界が広がるところに出ます。その一方で、標高が上がるにつれて岩が多く歩きにくくなります。雷岩に到着すると10分ほどで山頂ですが、山頂は木に覆われて眺望はありません。

実は、この山の見どころは雷岩から大菩薩峠へ向かう稜線の尾根道。晴れていれば富士山が見渡せる素敵な道です。私が登った時は曇りがちでしたが、一瞬の晴れ間に大菩薩湖が顔をのぞかせてくれました。

その後、介山荘《かいざんそう》のある大菩薩峠、福ちゃん荘を経由して上日川峠に戻ります。登山の後は上日川峠登山口からバスでアクセス可能な天目山《てんもくざん》温泉に、あるいは健脚の人は大菩薩峠登山口まで下山して大菩薩の湯に立ち寄るのもおすすめです。

アクセス

交通機関：
- JR中央線の甲斐大和駅から栄和交通バス「大菩薩上日川峠線」に乗り約40分で「上日川峠登山口」。

マイカー：
- 中央自動車道勝沼ICから約19kmで上日川峠駐車場へ（400台以上の無料駐車場あり）。
  ※冬期は県道201号線が車両通行止めのため、上日川峠へ車でのアクセスは不可。

DATA

所在地：山梨県甲州市、北都留郡丹波山村
標高：2,057m
累積標高：（上り）約585m、（下り）約585m
歩行距離：7.1km
歩行時間：約3時間15分
コースタイム：
上日川峠→30分→福ちゃん荘→60分→大菩薩嶺→30分→賽ノ河原→10分→大菩薩峠→40分→富士見山荘→5分→福ちゃん荘→20分→上日川峠
無雪期：4月～12月

三ツ峠山
木無山
大曲り
いこいの森
霜山
三つ峠駅
スタート地点
河口湖駅
2 km

富士山を見ながらこの山！
充実のロングコース

03

（山梨）三ツ峠山《みつとうげやま》

YouTubeへGo!

河口湖駅～三ツ峠山～三つ峠駅コース

2020年6月5日撮影

ひぇ～!!
登りの後半で急坂…

富士見台からのパノラマ！

スタート
河口湖駅 8時30分

序盤は緩やかな山道が続く

山頂
少し雲がかかったけど、雄大！

三ツ峠山荘に到着！

山頂へ！
標準タイム 5時間04分

沢を通過し三ツ峠グリーンセンターへ

山頂少し下の屏風岩
クライミングの人気スポット！

紅葉の稜線が美しい秋の三ツ峠山と富士山

富士山を眺めながら登り4時間のロングコース

三ツ峠山は富士山の眺望で有名な山。三ツ峠とは御巣鷹山《おすたかやま》、開運山《かいうんざん》、木無山《けなしやま》の3つのピークの総称で一般的に三ツ峠山といえば最も標高の高い開運山を指すことが多いようです。今回は、河口湖《かわぐちこ》駅から徒歩でアクセスできて最後にお風呂にも入れる充実のルートをご紹介します。

三ツ峠山の山頂の標識と御坂山地・黒岳

河口湖駅から歩いて15分ほどの天上山《てんじょうやま》護国《ごこく》神社の階段を上がり登山が始まります。時折、木々の隙間から河口湖を見ながら緩い登りを進みます。

緩い登りが続き、富士見台で視界が開けると、富士山のパノラマが広がります。

樹林帯を歩いていると途中で鉄塔を通過しますが、ここでも富士山の眺望が得られます。随所で富士の姿を見られるのがこのルートの魅力です。

登り後半の急登に苦戦しながら三ツ峠山荘に到着すると、山頂まではあと一踏ん張り。

三ツ峠グリーンセンターで湯ったりしてから帰路へ

最後の力を振り絞って、山頂前に整備された階段を登り切ると…、そこにはなんとも雄大な富士の眺めが広がります！

下山は三つ峠駅を目指します。クライマーが集まる屏風岩《びょうぶいわ》や八十八大師《はちじゅうはちたいし》を経由して麓まで下りると三ツ峠グリーンセンターに辿り着きます。ここは日帰り入浴施設です！

駅までは20分ほどで歩けますが、私は入浴や駅までの送迎がセットになったおトクなサービスで湯ったりしました。

アクセス

交通機関：
- 富士急行河口湖駅より護国神社の登山口まで徒歩14分。

マイカー：
- 中央自動車道河口湖ICから10分。
※河口湖湖畔に駐車場有。

DATA

所在地：山梨県都留市、西桂町、富士河口湖町
標高：1,785m
累積標高：（上り）約1,050m、（下り）約1,285m
歩行距離：15.0km
歩行時間：約8時間41分
コースタイム：
河口湖駅→14分→護国神社→270分→三ツ峠山荘→20分→三ツ峠山→142分→達磨石→48分→大山祇神社→27分→三つ峠駅
無雪期：3月〜1月

浅間《あさま》山《やま》の外輪山《がいりんざん》から
カルデラと火山の絶景を見る！

04

黒斑山 くろふやま

（群馬・長野）

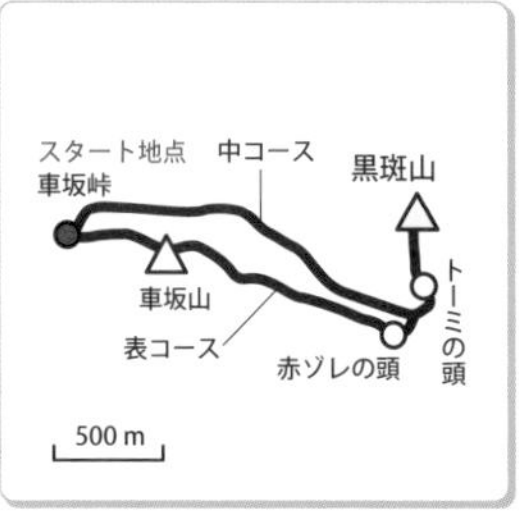

スタート地点
車坂峠
中コース
黒斑山
車坂山
表コース
赤ゾレの頭
トーミの頭
500 m

YouTubeへGo!

表コース〜山頂〜中コース

2020年10月27日撮影

スタート
高峰高原から出発
上信越高原
高峰高原ビジ
Takamine Kogen
浅間山麓国
空が見えて気持ち良い表コース
ガレ場では足元に注意！
標高が上がると地面には雪が
トーミの頭に着いた！
カルデラに唐松の黄葉と浅間山!!
標準タイム1時間10分
樹林帯を少し登って…
山頂に到達！
黒斑山
標準タイム1時間40分
山頂
浅間山がこんなに間近です！
お昼ごはん♪
ソーセージとたまご入りラーメン！
下りは中コース！

黒斑山、蛇骨岳、仙人岳、Jバンドと続く浅間山の外輪山

車坂峠《くるまざかとうげ》から表コースへ トーミの頭で絶景を堪能！

黒斑山は、三重式火山の浅間山の西側にある第一外輪山の最も高い山で浅間山と佐久平《さくだいら》を一望できる絶景が魅力です。高峰《たかみね》高原ビジターセンターのある車坂峠を出発します。標高2000mくらいなので、私が登った10月の早朝は、かなり冷え込んでいました。

スタートしてすぐの分岐点は展望の良い表コースへ。登りはこちらがおすすめ！ 10月は、唐松が黄葉して登山者にも人気のシーズン。これから積雪期になると、粉砂糖を振りかけた〝ガトーショコラ〟に例えられるような雪化粧した景色も人気になっています。

初冬の浅間山はまるでガトーショコラ!?

登山道は徐々に本格的な登りになります。ガレ場の登りは足元に注意が必要です。急な登りと穏やかな道が交互に出てくるという印象です。

山頂では浅間山が間近に！ 下りは時短の中コースで

噴火時の避難シェルターを過ぎ、少し行くと樹林帯が終わります。トーミの頭では唐松の黄葉と浅間山の息を飲む絶景が広がります！

そして、トーミの頭から20〜30分歩いて山頂に到達！ 浅間山と前掛山が間近です！

お昼ごはんは、山頂よりも景色が良いトーミの頭まで戻って食べるといいでしょう。

帰りは中コースを歩きます。こちらはあまり眺望はありませんが、早く下りられるコースで、トーミの頭から1時間強で登山口まで戻れます。

アクセス

交通機関（非公式）：
- JR北陸新幹線軽井沢駅下車、しなの鉄道しなの鉄道線小諸駅下車、バス40分。
- JR北陸新幹線 佐久平下車 バス60分。

マイカー：
- 上信越自動車道「小諸」IC 18km 30分。

DATA

所在地：長野県小諸市、群馬県嬬恋村
標高：2,404m
累積標高：（上り）約495m、（下り）約495m
歩行距離：5.2km
歩行時間：約3時間10分
コースタイム：
車坂峠→20分→車坂山→40分→赤ゾレの頭→10分→トーミの頭→30分→黒斑山→20分→トーミの頭→70分→車坂峠
無雪期：5月〜11月

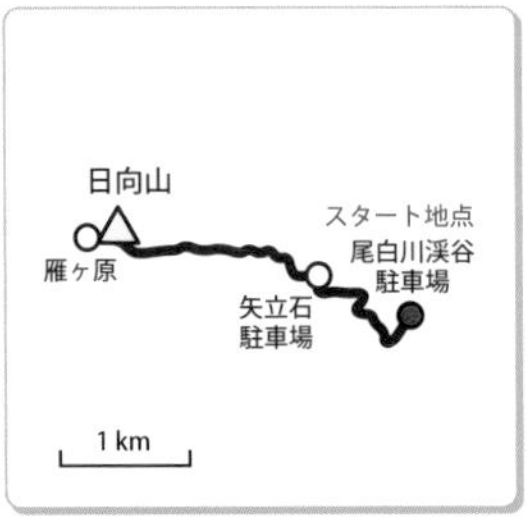
日向山
雁ヶ原
スタート地点
尾白川渓谷
駐車場
矢立石
駐車場
1 km

登りやすい南アルプス前衛峰！
山頂は天空のビーチ!?

05

（山梨）

日向山《ひなたやま》

YouTubeへGo!

尾白川渓谷駐車場～山頂コース

2021年5月14日撮影

スタート
尾白川渓谷駐車場をスタート！
登山道まで5分くらい歩きます！
気持ちの良い登山道
新緑のグリーンが眩しいくらい♪
本格的な登りが始まった！
木の根っこにつまずかないよう気をつけて！
登山道はジグザグ
山頂標識！奥へ進むと……
日向山
標準タイム 2時間45分
不思議な景観の雁ヶ原に着いた！
どう見てもビーチ！海がないのがおかしい!?
山頂
目の前に甲斐駒ヶ岳！

新緑が美しい登山道 矢立石《やだていし》まで歩いて約1時間

日向山は、南アルプスの前衛峰。標高が1660mで登りやすいのに、山頂では思いがけない絶景に出会える山です。

出発は尾白川《おじらがわ》渓谷駐車場から。6月ともなれば、新緑は眩しいくらいにキレイです。

5分ほど歩くと舗装されていない登山道が始まります。そして、登りはやがて本格的になります。木の根っこにつまずかないよう足元に要注意！

1時間ほど歩くと矢立石というところに到着します。駐車スペースは少ないですがここからも登れます。

風雨にさらされた花崗岩が侵食されてできた景観

絶景は山頂のちょっと先 〝意外〟な景観がある?!

登山再開！ 矢立石から山頂までは1時間半ほどです。

登山道は、それほど急ではなく、ジグザグ歩きながら少しずつ標高を上げる感じです。

山頂が近づくと標識があり、矢印の示す方に行くと三角点があります。でも、実は、ここに眺望はありません。

登山道を更に先へ。歩くこと数分、森を抜けてそこにいきなり広がるのは…。まるで、ビーチ!?

山の上とは思えない白い砂浜のような景色が広がります。ここは〝雁ヶ原《がんがはら》〟という場所で、花崗岩が長い年月で侵食されてできた造形美だそうです。

眺望も抜群！ 八ヶ岳の山々を見渡すことができて、甲斐《かい》駒ヶ岳《こまがたけ》や鳳凰三山《ほうおうさんざん》も一望にすることができます。

下りは同じルートで尾白川渓谷駐車場まで戻ります。

甲斐駒ヶ岳、黒戸尾根から見た日向山の雁ヶ原

アクセス

交通機関：
・JR中央本線小淵沢駅からタクシーで尾白川渓谷駐車場へ（約30分）。

マイカー：
・中央自動車道長坂ICから県道606号線を利用し、尾白川渓谷駐車場へ。

DATA

所在地：北杜市白州町
標高：1,660m
累積標高：（上り）約978m、（下り）約978m
歩行距離：7.6km
歩行時間：約5時間
コースタイム：
尾白川渓谷駐車場→60分→矢立石駐車場→100分→日向山→5分→雁ヶ原→5分→日向山→80分→矢立石駐車場→50分→尾白川渓谷駐車場
無雪期：4月～11月

奥多摩三山の一座へ！
7時間超の日帰り縦走が最高！

06

（東京）

大岳山

おおたけさん

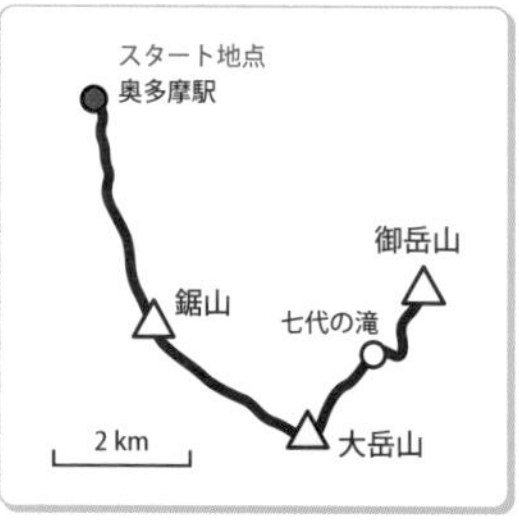

YouTubeへGo!

鋸山～大岳山～御岳山縦走コース

2020年5月16日撮影

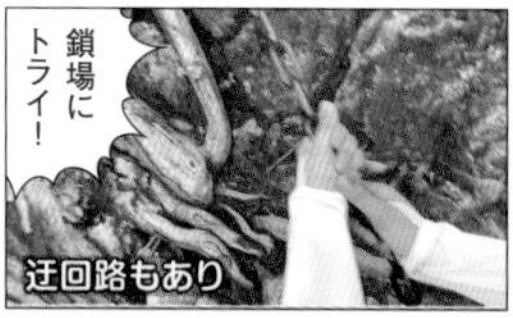

新緑に包まれた春の大岳山

185段の階段を越えて まずは鋸山の頂を目指す！

大岳山は御前山《ごぜんやま》、三頭山《みとうさん》と併せた奥多摩三山の一座。東京都の山として、都心からアクセスよく大自然に会える山です。今回は鋸山《のこぎりやま》、大岳山、御岳山《みたけさん》の3つの山を縦走します。

大岳山と御岳山の間にある芥場峠

登山口は奥多摩駅から徒歩5分。いきなり185段の階段が待ち受けます。序盤からハード！登りきって少し行くと愛宕神社に辿り着きます。

神社の先は緩やかな上りが延々と続き、1時間ほど行ったところの標高726mに天狗の石像がありました。

やがて道がしだいに険しくなり、鎖場も越え、鋸山山頂に到着します。ここは樹林帯の中で展望は望めません。少し休憩して大岳山を目指しましょう。

大岳山からロックガーデン、御嶽神社のある御岳山へ

大岳山までは樹林帯を歩きます。一度下って、その後、緩い上りを黙々と行きます。山頂に近づくと傾斜が出てきて少し辛くなり、そして、目の前が開けて大岳山頂に到着です！ここには、ベンチもあってお昼ご飯にはちょうどいいです。

再出発後は芥場峠《あくばとうげ》から御岳山を目指します。途中で岩場の散策路〝ロックガーデン〟を経由すると綾広《あやひろ》の滝、七代《ななよ》の滝など見どころがあって、時間はかかるけどおすすめです。

そして御岳山に到着！山頂では神社がお迎えしてくれます。標高は高くないけど所要時間は7時間近く！山頂からはケーブルカーで下山しました。

アクセス

交通機関：
・JR青梅線「奥多摩」駅より徒歩５分。
マイカー：
・圏央道青梅ICより約50分。駐車場有／町営氷川駐車場 有料 小型約80台 大型可

DATA

所在地：東京都西多摩郡檜原村、奥多摩町
標高：1,267m
累積標高：（上り）約 1,666m、（下り）約 1,082m
歩行距離：11.0km
歩行時間：約6時間53分
コースタイム：
奥多摩駅→35分→愛宕山→115分→鋸山→90分→大岳山→70分→綾広の滝→25分→ロックガーデン→25分→七代の滝→35分→長尾平→18分→御岳山
無雪期：1月～12月

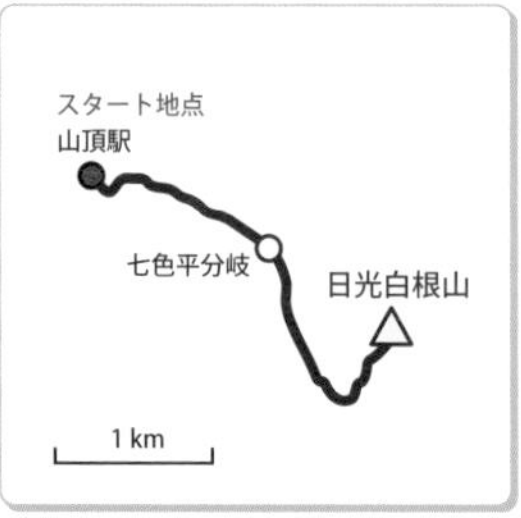
スタート地点
山頂駅
七色平分岐
日光白根山
1 km

ロープウェイを使って雲の上！
日光連山の主峰へ！

07

（群馬）日光白根山《にっこうしらねさん》

YouTubeへGo!

白根山ルート

2020年10月21日撮影

スタート
山頂駅出発
山頂駅から眺める日光白根山
鳥居をくぐって進む
序盤は樹林帯が続きます
岩もゴロゴロしてきた！
山頂まであと少し
山頂
山頂に到着！
白根山
2578m
標準タイム 2時間20分
五色沼が見える！
遠くには中禅寺湖！
中禅寺湖

ロープウェイを使って気軽に日光連山の主峰へ

百名山の一つ日光白根山は、群馬県と栃木県にまたがる日光火山群の主峰。標高2578mは関東以北では最も高く、山頂からは、火山が作り出した景観を楽しむことができます。

森林限界を超えるとガレ場が続く。雲の上の世界

日光白根ロープウェイ

日光白根ロープウェイを使えば簡単に標高を上げられますが、森林限界を超え、岩場を歩くので十分な体力が必要。私が訪れた10月下旬は、頂にうっすらと雪が被っていました。鳥居を潜って登山を開始します。

鹿の侵入防止柵を通過して登山道へ踏み入ると初めは平坦な樹林帯が続きます。途中、大きな不動岩を通り過ぎました。

五色沼《ごしきぬま》や中禅寺湖《ちゅうぜんじこ》を望む山頂の景色は抜群

20分ほどで傾斜のある道になります。この後は、2時間ほど、急になったり緩くなったりする樹林帯を歩きました。

標高2300m過ぎで登山道に大きめの岩がゴロゴロと転がるようになってきて歩きにくくなります。やがて森林限界を超えた先にはガレ場が続きます。これが結構長いのです!

山頂手前のちょっと辛い登りを踏み越え、ついに山頂へ! 登山口から3時間でした。

山頂からの展望は、遠くに越《えち》後駒ヶ岳《ごこまがたけ》、荒沢岳《あらさわだけ》、燧ヶ岳《ひうちがたけ》の山々を、見下ろせば五色沼や中禅寺湖を、雲の上に立って見渡すような気分でした。

帰りは登ってきたのと同じルートを引き返します。下山開始から2時間でロープウェイ乗り場に辿り着きました。

アクセス

交通機関：
・JR上越線「沼田駅」から関越交通バスで「蒲田」へ、「蒲田」から関越交通バスで「丸沼高原ロープウェイ」（日光白根山ロープウェイ最寄り）へ。約1.5時間〜2時間。

マイカー：
・日光白根ロープウェイまで、日光宇都宮道路清滝ICから国道120号を経由し約60分、または関越道沼田ICから国道120号を経由し約50分。駐車場は丸沼高原スキー場駐車場。

DATA

所在地：栃木県日光市、群馬県利根郡片品村
標高：2,578m
累積標高：（上り）約750m、（下り）約750m
歩行距離：6.6km
歩行時間：約4時間10分
コースタイム：
山頂駅→40分→七色平分岐 →100分→日光白根山→80分→七色平分岐→30分→山頂駅
無雪期：6月〜11月

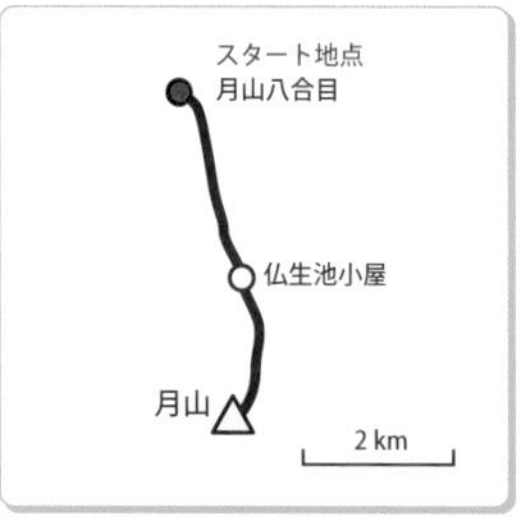
スタート地点
月山八合目
仏生池小屋
月山
2 km

霊験あらたか！ 出羽三山の主峰で
八合目から紅葉狩り登山

08

（山形） 月山《がっさん》

YouTubeへGo!

羽黒山口コース

2021年9月22日撮影

スタート
八合目の登山口
登山開始！

この分岐を右へ

池塘が点在する弥陀ヶ原
池塘とは高山の
湿地にある池のこと

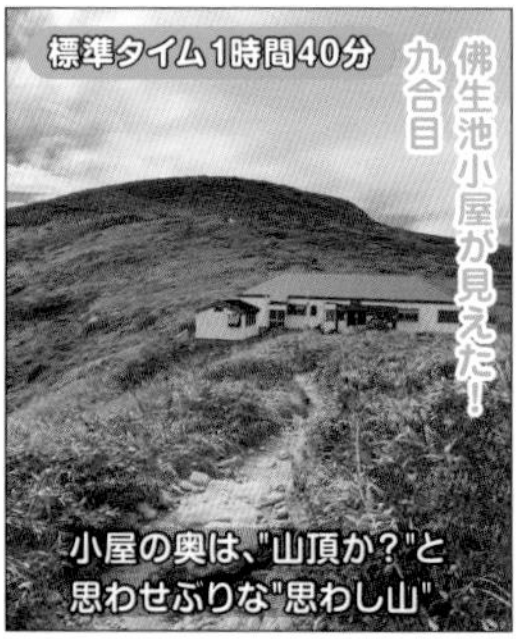
標準タイム 1時間40分
佛生池小屋が見えた！
九合目
小屋の奥は、"山頂か？"と
思わせぶりな"思わし山"

九合目を過ぎたあたり
見事な紅葉！
〝燃えるような〟って
言葉がピッタリ！

行者返しの坂
足を大きく上げ、
手も使って登りました

山頂
山頂に到達！
庄内平野や
鳥海山も一望する
広々した眺め！
標準タイム 2時間50分

雪が残る月山と桜

登山コースは八合目から森林限界で紅葉狩り

日本百名山の一つ月山は出羽三山の主峰で山岳信仰のある山として知られています。

私は八合目から歩く羽黒山口コースを登りました。既に、ここからの眺望が庄内平野《しょうないへいや》と鳥海山《ちょうかいざん》を一望できる絶景です！

出発して15分ほどのところにある分岐は右へ進みます。その先の弥陀ヶ原《みだがはら》のあたりでは〝池塘《ちとう》〟が点在していました。

序盤は傾斜がきつくなく、石も敷き詰めてあり歩きやすいルートでした。その後は、急坂となっていった印象です。

紅葉はかなり進んでいて、豪雪地帯のこのあたりでは森林限界が低く高い木がないため、赤やオレンジの色彩が地面を覆うように見えていました。

夏の月山の花　チングルマ

燃えるような紅葉と霊山らしい穏やかな光景

歩き始めて2時間くらいで九合目の佛生池小屋《ぶっしょういけごや》に辿り着きます。その後ろに「山頂が！」と思ったら、これは〝思わし山〟という思わせぶりな山。山頂はまだ先です。紅葉は九合目を過ぎたあたりが一番美しく〝燃えるような〟という言葉がまさにぴったりです。

その先の難関所「行者返し」の坂を登りきって見渡すと、石を敷き詰めた緩やかな登山道は、霊山らしく天国への道が伸びているような光景でした。

そして、登山開始から3時間、山頂に辿り着きます！色づく山肌と遠望する山並みの景色は幻想的にも見えました。下りは来た道を戻ります。

アクセス

交通機関：
- JR羽越本線鶴岡駅から庄内交通で月山八合目バス停へ（約2時間、1日4便）。

マイカー：
- 月山八合目へは山形自動車道庄内あさひICから約35km。駐車場あり150台。

DATA

所在地：山形県東田川郡庄内町
標高：1,984m
累積標高：（上り）約646m、（下り）約646m
歩行距離：10.2km
歩行時間：約5時間10分
コースタイム：
月山八合目→100分→佛生池小屋→70分→月山→60分→佛生池小屋→80分→月山八合目
無雪期：6月〜10月

蕪山
蕪山自然観察道
分岐
スタート地点
株杉コース登山口
板取運動公園
500 m

まるでジブリの森？
地元の"株杉《かぶすぎ》の森"を歩く

09

蕪山（岐阜）

かぶらやま

YouTubeへGo!

株杉の森コース

2020年8月26日撮影

スタート
6時45分出発！
まずは舗装路を行きます。
登山前に地元の名所「モネの池」に寄り道
モネの代表作「睡蓮」のような景観が見られる
"株杉"が立ち並ぶ森をいく！
"株杉"とは、伐採されて幹から枝分かれして育った杉のこと
低山と言ってもキツい！
沢音は一服の清涼剤♪
山頂
山頂に到着！
標準タイム 3時間9分
景色はあまり見えず…
山頂でブレイクタイム！
地元の山は落ち着きます♪

蕪山近くのモネの池はとても人気の観光スポット

〝モネの池〟に立ち寄り 〝株杉《かぶすぎ》の森〟で登山開始！

蕪山は地元・岐阜のローカルな山で、旧板取村《いたどりむら》の主峰と言われています。

ちなみに、登山口から車で10分ほどの場所に通称「モネの池」と呼ばれる有名なスポットがあるので、立ち寄って見てはいかがでしょうか。

蕪山の山頂

蕪山の登山口には21世紀の森公園が整備されていて80台ほどの駐車場があります。

駐車場から舗装された坂道を登り10分ほど行くと〝株杉の森コース〟の入口があります。〝株杉〟というのは杉が伐採された後に幹から枝分かれして大きくなったものです。今回は、この株杉が数多く見られるコースで山頂を目指します。

株杉が立ち並ぶ光景は神秘的でまるでジブリの世界に足を踏み入れたよう。指が伸びた人の手の形のようにも見えます。中には樹齢５００年を超えるものもあるそうです。

3時間ほどで山頂へ お茶でブレイクタイム

株杉のゾーンが終わると、登山道が少し急になります。心地よい水音を聴かせてくれる沢も流れています。

山頂に着いたのは歩き始めてから3時間ほど。標高１０００mちょっとですが、思った以上にキツい印象です。

この日は雲が出て景色はあまり見えませんでしたが、晴れていると白山《はくさん》、御嶽山《おんたけさん》、乗鞍岳《のりくらだけ》などが見られるそうです。

お茶とお菓子のブレイクタイムの後、来た道を戻り、計5時間ほどの山行でした。

アクセス

交通機関：
・JR岐阜駅より岐阜バス板取線洞戸栗原車庫行き乗車、洞戸栗原車庫より板取ふれあいバス板取門原行きに乗り換え、21世紀の森下車（約110分）。

マイカー：
・東海北陸自動車道美濃IC下車、国道156号、県道81号、国道256号関市洞戸経由で約50分。

DATA

所在地：岐阜県関市板取
標高：1,068m
累積標高：（上り）約806m、（下り）約801m
歩行距離：7.4km
歩行時間：約5時間10分
コースタイム：
関市板取運動公園→9分→株杉コース登山口→70分→蕪山自然観察道分岐→110分→蕪山→114分→株杉コース登山口→7分→関市板取運動公園
無雪期：3月〜12月

治田峠分岐
遠足尾根
大鉢山分岐
竜ヶ岳
岩稜帯
金山尾根分岐
遠足尾根入口
中道コース
長尾滝
1 km
スタート地点
宇賀渓谷駐車場

絶景の尾根歩きと
大パノラマ、渓谷美を楽しむ！

10

（三重・滋賀）竜ヶ岳《りゅうがたけ》

YouTubeへGo!

遠足尾根～中道コース

2020年12月9日撮影

スタート
7時に案内所を出発！
鈴鹿国定公園
宇賀渓
観光案内所
遠足尾根入口
竜ヶ岳→
ここから山道！
けっこう急！
尾根道に出た！
絶景の稜線歩き
視界が開けた！
あの小ピークを越えます！
山頂近くは風が強い！
山頂
竜ヶ岳頂上
1099.6m
標準タイム3時間35分
雲は出てるけど景色は良いです
下りには高いハシゴも
た、高い！
長尾滝に寄り道
落差なんと30m！

夏の緑豊かな竜ヶ岳からの風景

観光案内所をスタート 遠足《えんそく》尾根《おね》を登る

竜ヶ岳は、鈴鹿山脈中部にあり、鈴鹿セブンマウンテンに選定されている山。富士山が見えることで知られる本栖湖《もとすこ》近くの竜ヶ岳とは別の山です。

出発地点となる宇賀渓《うがけい》の案内所で協力金（200円）と登山届を提出して登山開始。案内所にはトイレがあり、地図をもらうこともできます。

まずは沢沿いの舗装路を30分ほど行きます。途中には滝の雫という湧水があります。

遠足尾根入口の看板から山道へ。楽しげな名前とは裏腹に結構な急登！　樹林帯を1時間ほど登ると傾斜が緩やかになり展望台に着きます。伊勢湾と竜ヶ岳の山頂が見えました。

視界は開け、山頂まで続く尾根

絶景の尾根歩きとパノラマ 下りは渓谷美の中道コース

樹林帯の急登が終わると尾根道に出ます。訪れた12月は、広葉樹が落葉して見晴らしが良かったです。しばらく歩くと登山道からは木々が消え視界が開けたと思うと、目の前には山頂まで伸びる尾根が。絶景の尾根歩きを楽しめます。

小ピーク、最後の急登を越えて山頂へ。鈴鹿山脈の山々が見渡せます。風が強いので秋冬は防寒対策が必須です。

下りは中道コースへ。前方にいなべ市街を見ながら1時間ほど歩くと樹林帯へ。高いハシゴを下ったり、滝が複数見られたりコースはバリエーションに富んでいます。魚止橋《うおどめばし》、白滝丸太橋を渡って、遠足尾根の入口地点で行きの道に合流し、宇賀渓案内所に戻ります。

アクセス

交通機関：
- 三岐鉄道大安駅からタクシー（約20分）。

マイカー：
- 新名神高速道路東員ICで下車、国道365号、国道421号で宇賀渓谷へ。観光協会の駐車場は入山料込みで500円。

DATA

所在地：三重県大安町、滋賀県永源寺町
標高：1,099m
累積標高：（上り）約1,281m、（下り）約1,281m
歩行距離：約10.7km
歩行時間：6時間30分
コースタイム：
宇賀渓谷駐車場→25分→遠足尾根入口→190分→竜ヶ岳→100分→長尾滝→55分→遠足尾根入口→20分→宇賀渓谷駐車場
無雪期：3月〜12月

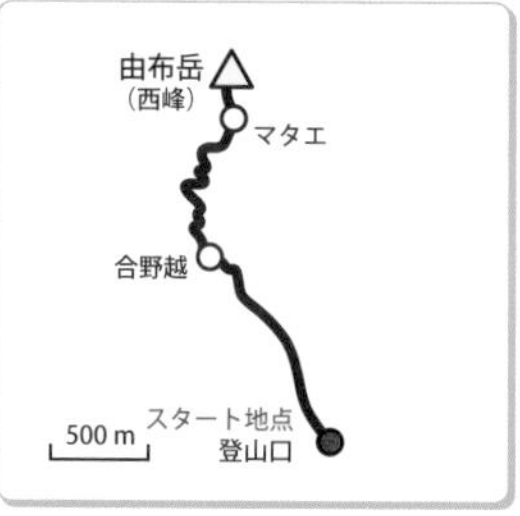

鎖場《くさりば》でヒヤリ！
"豊後富士《ぶんごふじ》"に登る！

11

（大分）由布岳《ゆふだけ》

YouTubeへGo!

正面登山口ルート

2020年3月9日撮影

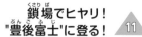

正面登山口から分岐点のある合野越《ごうやごし》まで

由布岳は由布院の北東に2つのピークを持つ〝双耳峰《そうじほう》〟の姿を見せてそびえ、「豊後富士」の愛称で親しまれています。

深田久弥《ふかだきゅうや》は、この山を百名山に入れなかったことを後悔していたそうで、久弥のファン組織「深田クラブ」による二百名山に選定されています。

新緑の由布岳

温泉街からバスで15分の正面登山口に辿り着くと目の前に山容が迫ります。私が行った時は、南麓で浅春の名物・野焼きが行われた直後で地面が黒っぽくなっていました。

歩き始めて15分ほどで樹林帯が始まりしばらく緩やかな道を行き、約40分で合野越という分岐に辿り着きます。ここで小休憩をとりましょう。おやつには福岡のお菓子、明太子風味のめんべいを持ってきました。

険しい西峰の山頂に立つ遠くくじゅう連山の山並み

合野越を過ぎると、しばらくつづら折りが続きます。2時間あたりで登山道に大きな岩が転がり急坂になっていきます。

そして歩き始めて約2時間半、視界が広がり、東峰《とうほう》と西峰《せいほう》の間にある、マタエに到着です!

難易度が低いのは東峰ですが、今回は最高地点のある西峰を目指します。急な鎖場があって注意を要するため自信のない方は東峰がおすすめです。

いくつもの鎖場を越えて西峰山頂へ辿り着くと、くじゅう連山の山並みが連なり、由布岳の東峰や鶴見岳《つるみだけ》もよく見渡せる眺望が迎えてくれます!

由布岳に咲き誇るミヤマキリシマ

アクセス

交通機関：
- JR日豊本線別府駅から亀の井バスに乗り「由布岳登山口」バス停で下車。約40分。

マイカー：
- 大分自動車道別府ICから約11.5kmで由布登山口駐車場へ。有料の駐車場あり。

DATA

所在地：大分県由布市
標高：1,583m
累積標高：(上り) 約841m、(下り) 約841m
歩行距離：6.5km
歩行時間：約3時間50分
コースタイム：
由布登山口→40分→合野越→70分→マタエ→20分→由布岳西峰→20分→マタエ→50分→合野越→30分→由布登山口
無雪期：3月〜12月

カップヌードル炒飯

**具も調味料もぜーんぶカップヌードル一つで揃っちゃう
スピーディ&簡単味付け炒飯**

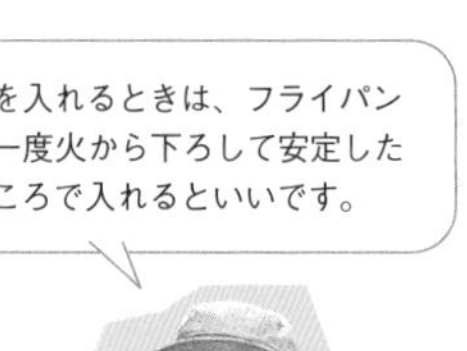

材料

日清カップヌードルミニ（醤油味）
パックごはん …… 150g
卵 …… 1個
ごま油 …… 少々
ネギ …… 少々
水 …… 適量

［作り方］

❶ カップヌードルをジップロックに入れてバリバリ割る。
❷ カップに戻し、お湯をひたるまで入れて蓋をする。
❸ フライパンを熱してごま油を入れる。
❹ 卵を入れる。
❺ ごはんを投入し、崩しながら混ぜる。
❻ ごはんが十分にほぐれたらカップヌードルを入れる。
❼ 水分を飛ばしながら炒める。
❽ 青ネギを入れて炒めて出来上がり。

卵を入れるときは、フライパンを一度火から下ろして安定したところで入れるといいです。

焼きそば風 辛ラーメン

焼きラーメンを山で。インスタントラーメンの汁が残っちゃう問題も解決
ジャンキーで美味しい！

材料

辛ラーメン（農心）…… 1袋
さけるチーズ …… 1～2本
卵 …… 1個
ごま油 …… 適量
刻みネギ …… 適量
水 …… 200 ～ 300ml

水は多少多くても飛ばせます。スープは全部入れると味が濃いので少なめにするといいです。

［作り方］

❶ ごま油でネギを炒めて香りを出す。
❷ 水を入れる。
❸ ラーメンを割って入れる。
❹ かやくと粉末スープを入れる。
❺ 煮ながら水分を飛ばし焼き煮にする。
❻ 全体の水っぽさがなくなったら、さけるチーズを割いて入れる。
❼ 真ん中に卵を落とす。
❽ アルミ箔で蓋をして火を弱め、チーズがとけて、卵が半熟になったら出来上がり。

すき焼き

今日は、山の上でご馳走！ というときにおすすめ
タレさえあれば味が決まる、ごほうび山グルメ！

材料

すき焼きのタレ …… 適量
牛肉、えのき、椎茸、
白菜、ねぎ、春菊、
焼き豆腐 …… 適量

肉は凍らせて保冷パックで。野菜は切って持っていくといい。汁はおじやにすれば残らない！

［作り方］

❶ 野菜を切る。
・火の通りを考えて大きすぎないように。・葉っぱはちぎっちゃえばいい。
❷ 具材をフライパンに入れる。
・火の通りにくい白菜の芯は真ん中近くにおく。
❸ タレを入れる。
❹ 火が通ったら出来上がり。

第4章

かほオススメの山! 上級編

この本での最上級クラス、体力を十分につけて臨みたい7コース！ ほとんどの山が、山小屋1泊以上が前提で、3000m級の山も登場です。森林限界を超えたダイナミックな景色にいよいよ出会うことができます！

千畳敷カール

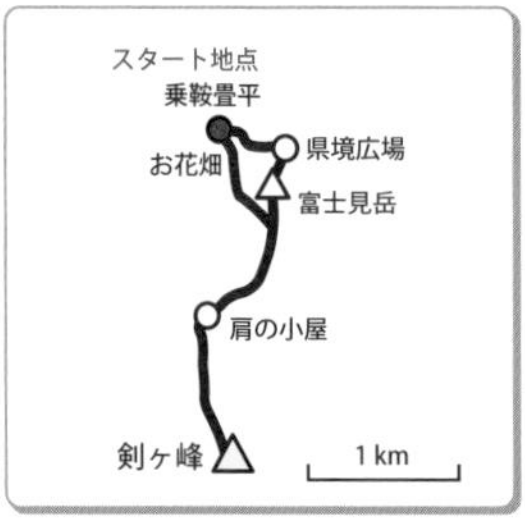

スタート地点
乗鞍畳平
お花畑
県境広場
富士見岳
肩の小屋
剣ヶ峰
1 km

日帰りで登れる3,000m級の百名山
アルプスを見渡す絶景の山頂へ！

01

（岐阜・長野）

乗鞍岳《のりくらだけ》

YouTubeへGo!

畳平～富士見岳～剣ヶ峰コース

2021年8月31日撮影

スタート
畳平バスターミナル
8時15分出発

まずは富士見岳へ！
岩がゴロゴロ！

振り返ると…
鶴ヶ池

富士見岳山頂！

次は剣ヶ峰へ！

ここも岩がゴロゴロ！

剣ヶ峰山頂に到着！
標準タイム1時間30分

剣ヶ峰山頂
八ヶ岳、北・中央・南アルプス、
御嶽山を一望！
山頂

肩の小屋でひと休み！

帰り道で見たウサギギク

富士見岳では360度のパノラマが広がる

畳平《たたみだいら》バスターミナルを出発
富士見岳でパノラマ！

北アルプスの最南端に位置する乗鞍岳。標高３０２６ｍの剣ヶ峰《けんがみね》を主峰とする23の峰からなります。標高２７０２ｍまでバスで上がれて比較的容易に登れる３０００ｍ級の山です。

畳平バスターミナルを出発し、まずは富士見岳へ。岩がゴロゴロしたやや急な道を登り、30分もかからずにピークに到着します。ここを経由せずとも剣ヶ峰には行けますが、ここでは３６０度のパノラマが広がり、この後に登る剣ヶ峰を見渡せる絶好のスポットです。

目の前に剣ヶ峰を望みながら富士見岳を下ると、肩の小屋までは整備された区間を歩きます。小屋には飲み物もあり、お手洗い（有料）も借りられます。

剣ヶ峰の山頂

剣ヶ峰の山頂に到着！
帰りはお花畑へ迂回

小屋を出て歩き始めると道には大きな岩が転がり、次第に険しくなっていきます。剣ヶ峰の前に蚕玉岳《こだまだけ》というピークがあり、右手に権現池《ごんげんいけ》が見えます。

途中、頂上小屋への分岐があるので、山頂へ向かう右へ進みます。岩場を登り切って稜線に出ると風が強くなるので要注意。道なりに進むと剣ヶ峰に到着です。山頂には、乗鞍本宮《のりくらほんぐう》のお社と鳥居があります。そして、北・中央・南アルプス、御嶽山、八ヶ岳を一望できます。なんとも開放的な眺めです！

下りは、来た道を戻って、途中で高山植物の宝庫・お花畑へ寄り道して、畳平バスターミナルへ戻るのがおすすめです。

アクセス

交通機関：
- JR「松本」駅からアルピコ交通上高地線30分で「新島々」駅へ。「新島々」駅から路線バス7分で「乗鞍高原観光センター」へ。乗鞍高原観光センターから、夏期シャトルバス50分で「乗鞍山頂畳平」へ。

マイカー：
- 長野自動車道 松本ICから約50分で「乗鞍高原観光センター」へ（駐車場有）。乗鞍高原観光センターから、夏期シャトルバス50分で「乗鞍山頂畳平」へ。

DATA

所在地：長野県松本市、岐阜県高山市
標高：3,026m
累積標高：（上り）約404m、（下り）約406m
歩行距離：6.2km
歩行時間：約3時間
コースタイム：
乗鞍畳平→10分→県境広場→15分→富士見岳→15分→肩の小屋→50分→剣ヶ峰→40分→肩の小屋→50分→乗鞍畳平
無雪期：6月〜10月

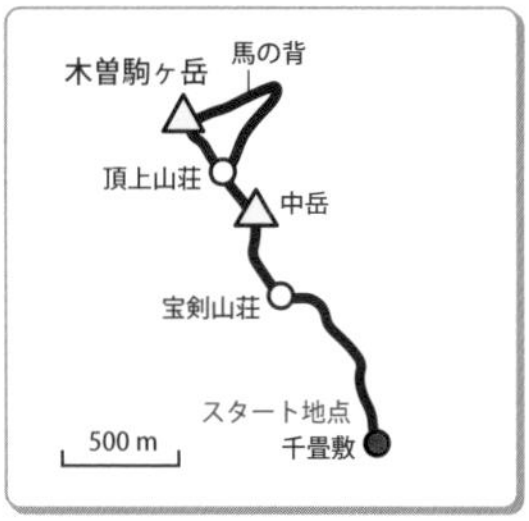
木曽駒ヶ岳
馬の背
頂上山荘
中岳
宝剣山荘
スタート地点
千畳敷
500 m

千畳敷《せんじょうじき》カールを歩いて
中央アルプス最高峰を目指す！

02

（長野）木曽駒ヶ岳《きそこまがたけ》

YouTubeへGo!

八丁坂〜乗越浄土〜中岳〜駒ヶ岳コース

2020年10月13日撮影

スタート
千畳敷駅
八丁坂へ！
千畳敷カールの斜面を登ります！
登りが急！
宝剣山荘
急坂を登ってひと休み
行動食！
ドライフルーツ、グラノーラ、柿の種
中岳山頂！
中岳山頂2925m
標準タイム１時間30分
山頂手前
岩がゴツゴツ！
再出発！
一旦下りて駒ヶ岳を目指す！
登頂です！
標準タイム２時間
赤石岳
塩見岳
富士山
山頂
山頂で蒸しパン♪
下りは馬の背経由で

千畳敷カールは、畳を千枚敷けるほど広いという意味

千畳敷カールに包まれて八丁坂を越え宝剣山荘《ほうけんさんそう》へ

木曽駒ヶ岳は、中央アルプスの最高峰。標高2956mですが、ロープウェイで2612mまで上がることができます。というと手軽そうですが高山気候なので準備はしっかりと。

その山上の駅「千畳敷」を出発すると、歩みを進める目の前には2万年ほど前に氷河が削ってできた地形「千畳敷カール」の絶景が広がります。

10分ほど歩いて、コース最大の難所「八丁坂」が始まります。カールの急斜面を登るのです。勾配がキツく、足元には大きな石がたくさん！　しかし、振り返ると遠くに南アルプスが！

急坂を登り切ると乗越浄土《のっこしじょうど》に上がり、その先の宝剣山荘で小休憩をとりましょう。

木曽駒ヶ岳山頂から望む御嶽山

北ア、南ア、御嶽山、八ヶ岳…山頂から眺める雄大な景色

再出発後、次に目指すのは中岳。その頂、標高2925mに立つのは出発してから1時間半ほど。駒ヶ岳が見えます！

そこから一度下り、駒ヶ岳山頂を目指します。ゴール手前の道は歩きにくく急坂です。これを乗り越えて、ついに山頂に立つことができます！

眺めは素晴らしく、北アルプス、南アルプス、御嶽山、八ヶ岳を一望できます！

この時の私のお昼ご飯は、メスティンで作る蒸しパン！　作り方は50ページをご参照あれ。

下りは、少し遠回りして景色の良い馬の背を通り、途中から元の道に合流し、中岳《なかだけ》を越えて下山しましょう。

アクセス

交通機関：
・JR飯田線駒ヶ根駅から駒ヶ岳ロープウェイバスでしらび平駅まで約50分。しらび平駅から駒ヶ岳ロープウェイで千畳敷駅まで約8分。

マイカー：
・中央道駒ヶ根ICから菅の台バスセンター駐車場まで約2km。駒ヶ岳ロープウェイバスに乗り換えしらび平バス停（しらび平駅）まで約40分。
※しらび平駅から先は上記「交通機関」参照

DATA

所在地：長野県木曽郡上松町・木曽町
上伊那郡宮田村
標高：2,956m
累積標高：（上り）約430m、（下り）約431m
歩行距離：4.1km
歩行時間：約3時間55分
コースタイム：
千畳敷→60分→宝剣山荘→30分→中岳→10分→駒ヶ岳頂上山荘→20分→木曽駒ヶ岳→45分→中岳→20分→宝剣山荘→50分→千畳敷
無雪期：6月～10月

塔ノ岳
新大日
大山
花立山荘
三ノ塔
駒止茶屋
ヤビツ峠
大倉 スタート地点
2 km

"大倉《おおくら》尾《お》根《ね》"を踏破し、
絶景の表尾根をゆっくり歩く！

03

（神奈川）塔ノ岳《とうのだけ》・大山《おおやま》

YouTubeへGo!

大倉～塔ノ岳～大山コース

2020年11月13日・14日撮影

1日目：バカ尾根に苦しむの巻
スタート
大倉尾根（通称：バカ尾根）
木の階段が続く
バカみたいにずっと登り
最後の登りに突入！
もうひと踏ん張り！
山頂
標準タイム４時間20分
塔ノ岳の山頂で360度の大パノラマが広がる！
2日目：絶景尾根歩きの巻
表尾根を行く
平坦な道も多い
鎖場あり！
鎖より岩を掴んで登るのがいいらしい
三ノ塔に着いた！
富士山バッチリ！
標準タイム２時間40分
本日最後の山へ！
大山山頂！
ついに踏破！

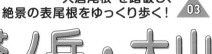

丹沢・三ノ塔から見る朝焼けの塔ノ岳

通称〝バカ尾根〟を登る 山頂で丹沢《たんざわ》の山々を一望！

2日かけて、表丹沢で最も人気の塔ノ岳に大倉尾根を歩いて登り、富士山を望む絶景の表尾根を縦走します。ただ一点、5〜10月に登る場合、ヤマビルがいるので対策が必須です。

スタート地点は大倉バス停。標高差約１２００mを登るタフなコースです。歩き始めて約5分で登山道が始まります。

分岐では景色のいい大観望方面へ行ってみましょう。分かれた道が再び合流した先は、登りがキツくなっていきます。大倉尾根はバカバカしいほど登りが続くため不名誉にも〝バカ尾根〟と呼ばれているようです。

三ノ塔山頂から眺めた富士山

ひたすら登る大倉尾根を登りきり塔ノ岳の山頂に立つと、丹沢の山々と富士山を一望できました！この夜は山頂にある尊《そん》仏山荘《ぶっさんそう》に泊まります。

絶景の表尾根縦走でゴールの大山へ向かう

翌日は、いよいよ表尾根の縦走。ヤビツ峠に延びるこの尾根は平坦な道が多いものの、急な箇所もあるのでストックがあるとベター。途中に出てくる鎖場は注意して越えましょう。新大《しんだい》日《にち》、行者《ぎょうじゃ》ヶ《が》岳《たけ》、烏《からす》尾山《おやま》といくつものピークを越えて行きます。

その後、この日いちばんの辛い登りを越え、三《さん》ノ《の》塔《とう》では富士山の眺望がバッチリです！

さらに、二《に》ノ《の》塔《とう》を越えヤビツ峠へ。ここで秦野《はだの》駅までのバスに乗って下山するのもありです。体力がある人は、さらに先へ！ゴールの大山では、ケーブルカーで下山できます。

アクセス

交通機関：

・小田急電鉄小田原線「渋沢」駅から神奈中バス約15分で「大倉」バス停（200円）。

マイカー：

・東名高速「秦野・中井」ICから大倉駐車場まで約9.5km。駐車場あり。
※大倉駐車場（150台）など

DATA

所在地：神奈川県秦野市、愛甲郡清川村、足柄上郡山北町
標高：1,491m（塔ノ岳）、1,252m（大山）、
累積標高：（上り）約2,237m、（下り）約1,272m
歩行距離：16.3km
歩行時間：約9時間35分
コースタイム：
大倉→105分→駒止茶屋→95分→花立山荘→60分→塔ノ岳→120分→烏尾山→40分→三ノ塔→15分→二ノ塔→40分→護摩屋敷の水→30分→ヤビツ峠→70分→大山
無雪期：1月〜12月

三峯神社
白岩山
雲取山
小雲取山
七ツ石小屋
鴨沢
スタート地点
5 km

（東京・埼玉・山梨）

雲取山荘に宿泊する
1泊2日の縦走山行！

04

雲取山
くもとりやま

YouTubeへGo!

鴨沢コース～三峯コース

2020年11月9日・10日撮影

1日目：雲取山頂にアタック！

スタート
鴨沢登山口
この階段から出発！

七ツ石小屋から見た展望
標準タイム３時間5分

名物ポイント
ダンシングツリー

登りが
しんどい！

山頂
雲取山山頂の眺め！
雲が出てたけど
景色いいです！
標準タイム５時間10分

2日目：三峯神社にお参り

下山開始から2時間、白岩山
シカが
来た！

霧藻ケ峰まで
来た！
トイレ
あります

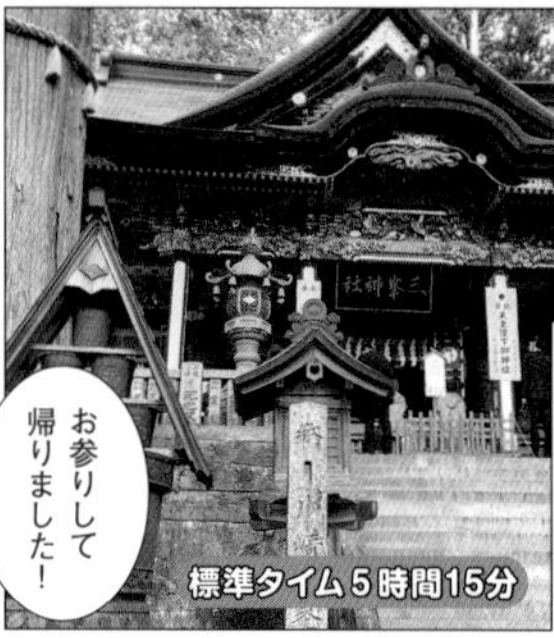

三峯神社に
到着！
お参りして
帰りました！
標準タイム５時間15分

秋の雲取山から眺める富士山と唐松

鴨沢登山口から雲取山へ一日目は雲取山荘に一泊

東京、埼玉、山梨の境にある雲取山は東京都の最高峰で日本百名山にも選ばれています。

鴨沢登山口をスタートすると、序盤の樹林帯は比較的なだらかで歩きやすいです。

地味な登りがしばらく続き、登山開始から3時間ほど経った頃、七ツ石《ななついし》小屋に到着。お手洗いや水場があるので、ここで休憩をとるのがおすすめです。

七ツ石山の山頂を過ぎると、一度下り、ブナ坂から山頂まで300m標高を上げていきます。ダンシングツリーと呼ばれる楽しげな木を過ぎると小雲取山までは急坂になります。

最後、なだらかな道を登り標高2017mの山頂へ！その先へ20分ほど下ると宿泊する雲取山荘が見えてきます。

いくつものピークを越え三峯神社《みつみねじんじゃ》へ下山する

翌朝は、秩父方面の三峯神社目指して下山します。いくつものピークを越えていくのでアップダウンの連続です。最初のピーク・芋ノ木《いものき》ドッケは、この日の最高峰。健脚向きなので不安な人は巻いて構いません。

山頂近くの雲取山荘。夜景やご来光を見ることができる

私が登った時は、白岩山《しらいわやま》で休憩中にシカの来訪がありました。雲取山登山ではシカに遭遇することは珍しくないようです。

お清平《きよだいら》を越え霧藻《きりも》ヶ峰《がみね》に着くと下山ルートの3分の2ほどを歩いたことになります。以後は緩やかな下りです。

ゴールにある三峯神社は、秩父屈指のパワースポット。ぜひ参拝して帰りたいですね。

アクセス

交通機関：
- JR青梅線「奥多摩」駅より西東京バス約35分で「鴨沢」バス停下車。

マイカー：
- 中央道上野原IC・大月IC・勝沼IC、または圏央道日の出ICの各ICから1時間5分〜1時間15分で鴨沢バス停へ。小袖乗越駐車場等の周辺駐車場に約100台駐車可能。

DATA

所在地：埼玉県秩父市、東京都奥多摩町、山梨県丹波山村
標高：2,017m
累積標高：（上り）約2,475m、（下り）約1,970m
歩行距離：22.0km
歩行時間：約10時間45分
コースタイム：
鴨沢→185分→七ツ石小屋→95分→小雲取山→30分→雲取山→20分→雲取山荘→70分→芋ノ木ドッケ→40分→白岩山→100分→霧藻ヶ峰→105分→三峯神社
無雪期：4月〜12月

穂高・槍ヶ岳の絶景を求めて！
常念山脈を縦走！

（長野）蝶ヶ岳《ちょうがたけ》・常念岳《じょうねんだけ》

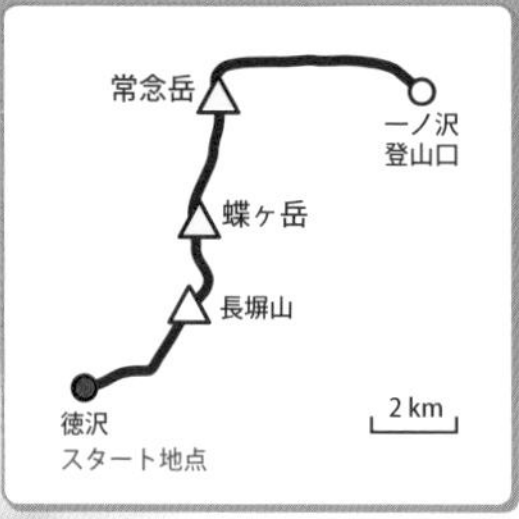

絶景の北アルプス入門コース

常念山脈の蝶ヶ岳～常念岳を1泊2日かけて縦走します。初日に、上高地・徳沢を出発して蝶ヶ岳まで登り、２日目に稜線や樹林帯を歩いて常念岳を目指します。なかなかハードな登りもあり、森林限界を超えた展望は、晴れていれば槍ヶ岳や穂高を一望する絶景に出会うことができます

YouTubeへGo!

穂高連峰を見渡す絶景コース

2020年8月12日・13日撮影

1日目：急登を越え蝶ヶ岳へ

スタート
6時30分
徳沢を出発

急登の樹林帯が続く。
ツ、ツライ……

長塀山の先は緩やかな樹林帯
クルマユリ
この辺りからお花が増えてくる

妖精の池に着きました！

ついに樹林帯を抜けた！
イワギキョウ

蝶ヶ岳山頂に到着！
途中辛かったけど…、登ってきてよかった!!!
蝶ヶ岳山頂

山頂
標準タイム４時間40分
雲があって穂高や槍、常念は見えない、でも、思った以上に景色が見える！

2日目：アップダウンを越え常念岳へ
スタート
6時30分 蝶ヶ岳ヒュッテ出発！
今日は常念岳を目指します!!
蝶槍
まずはあそこを目指します
蝶槍に到着！
TOP
樹林帯のアップダウンが続く！
かなり、キツい！
標高2592mの展望ポイント
2592ピーク
蝶ヶ岳
残念！雲で景色が見えない。
山頂
ここも景色は雲で真っ白。残念!!!
常念岳
標高 2857m
標準タイム４時間50分
常念小屋でひと休み
トイレを借りてシリアルバーで栄養補給！
急な下りを進み
沢沿いを行く
一ノ沢登山口に到着！
常念岳 登山口
標高 1260
中部山岳国立公園
安曇野市
ここからタクシー（かマイカー）
電波が入りづらいので下山途中で電話を

徳沢《とくさわ》から蝶ヶ岳山頂まで長塀山《ながかべやま》までの登りがツライ

北アルプスの蝶ヶ岳、常念岳の縦走は、森林限界を超えた壮大な展望が楽しめます。

初日は上高地の徳沢をスタート。ここは上高地バスターミナルから2時間ほど歩いたところにあるので、前日は徳沢園に宿泊するとよいでしょう。

序盤は樹林帯の道をひたすら登ります。長塀山に延びる尾根は急坂で展望がないため、しばらく我慢の登りです。

蝶ヶ岳山頂にある蝶ヶ岳ヒュッテ

ひたすら登って4時間ほど、長塀山頂を越えると、その先は道が緩やかになり、妖精の池を過ぎた先で樹林帯を抜け、視界が一気に広がります。

そして登山開始から5時間ほどで蝶ヶ岳山頂に到達です！途中の長い登りはなかなか辛いものがありますが登ってきてよかったと思える景色に出会えます。この日は山頂近くの蝶ヶ岳ヒュッテに泊まります。

樹林帯のアップダウンから常念岳へラストスパート！

2日目は常念岳を目指します。まずは目の前につんと尖って見えている蝶槍《ちょうやり》まで。アップダウンの少ない稜線歩きで、1時間ほどで着きます。その先は樹林帯のアップダウンを1時間ほど歩いて標高2592mの展望ポイントに着きます。

なおも樹林帯のアップダウンが続き、最後に再び森林限界を越え、ラスト1時間で300mを一気に登ります。危険箇所はないけど岩の道がハード！

三角点と常念山脈縦走路

そして、出発から5時間ほどで常念岳山頂に到着！ここでは晴れていれば槍ヶ岳・穂高連峰の素晴らしい眺望が得られます。私が登った時は残念ながら雲が出て見ることはできませんでした。景色は別の機会にリベンジしたいです！

そこから約1時間の常念小屋で休憩をとり、一ノ沢へ下山。この下りもなかなかキツいので、休憩時に体力回復を！

アクセス

交通機関：
- JR「松本」駅からアルピコ交通上高地線に乗り約30分で「新島々」駅へ。「新島々」駅から路線バスで約1時間（1日12便）で上高地バスターミナルへ。上高地バスターミナルから徳沢まで徒歩で約2時間。

マイカー：
- 松本ICから約1時間で沢渡駐車場へ（約2000台）。沢渡駐車場からシャトルバス（約30分おき）で、約30分で上高地バスターミナルへ。上高地バスターミナルから徳沢まで徒歩で約2時間。
※上高地は通年マイカー規制

DATA

所在地：長野県松本市、安曇野市
標高：2,677m（蝶ヶ岳）、2,857m（常念岳）
累積標高：（上り）約1,832m、（下り）約2,148m
歩行距離：16.4km
歩行時間：約13時間50分
コースタイム：
徳沢→220分→長塀山→30分→妖精の池→30分→蝶ヶ岳→25分→横尾分岐→265分→常念岳→60分→常念小屋→140分→王滝（大滝）ベンチ→60分→一ノ沢登山口
無雪期：6月～11月

06

白駒池《しらこまいけ》、硫黄岳《いおうだけ》、
赤岳を踏破する満喫プラン！

（長野）八ヶ岳縦走《やつがたけじゅうそう》

2泊3日で北八ヶ岳から南八ヶ岳へ

原生林と池沼が広がる北八ヶ岳を起点にして白駒池、ニュウ、天狗岳、硫黄岳、横岳、赤岳までを踏破する八ヶ岳縦走に挑みましょう。1日目は白駒池の周囲を散策し、２日目にニュウから硫黄岳、3日目に横岳から赤岳まで歩き、文三郎尾根から美濃戸口へ下山します。八ヶ岳の主峰・赤岳では、日本アルプスを一望できる絶景が待っています。

スタート地点
白駒池入口
白駒池
高見石
ニュウ
中山峠
根石岳
硫黄岳
美濃戸
横岳
行者小屋
赤岳
2 km

YouTubeへGo!

白駒池～硫黄岳～赤岳縦走ルート

2020年9月21日～23日撮影

1日目：白駒池の周りを散策
スタート
白駒池
池の周りを散策
1周で約40分！
高見石へ登る！
目指せ！
高見石小屋に到着！
標準タイム1時間25分
高見石小屋名物あげパン
黒ゴマと抹茶味めっちゃ美味しい♪
高見石からの眺め
原生林と白駒池を一望できます！
2日目：目指せ！硫黄岳！
朝の森を歩き、ニュウへ向かう
さぁ登りだ！
岩と木の根っこが多い！
ニュウ山頂に到着！
天狗岳
次はあそこへ！
標準タイム1時間40分
一旦下りて、また上がる
中山峠を通過
天狗岳はピークが2つ
西天狗
東天狗
東天狗岳山頂に到着！
西天狗岳
向こうに西天狗岳が見える！
山頂
標準タイム4時間15分

硫黄岳へ向かう
硫黄岳山頂 標高2760m
標準タイム6時間35分
硫黄岳山荘に宿泊
3日目：八ヶ岳最高峰へアタック！
朝イチから結構な登り
まずは横岳へ！
横岳
横岳山頂に到着！
横岳山頂から見る赤岳
標準タイム1時間20分
ハシゴを降りる！
岩を乗り越える！
赤岳山頂へ！
足元ガレてる！
空気が薄い！
息が切れる！
見えた！赤岳山頂！
八ヶ岳最高峰赤岳に登頂！
山頂
標準タイム3時間10分

初日は白駒池周辺を散策
2日目は硫黄岳まで縦走

1日目は白駒池の周りを散策。高見石《たかみいし》まで登ると白駒池と原生林が一望です。この日は青苔《せいたい》荘《そう》に一泊しましょう。

2日目は、早朝に出発。まずはニュウへ向かいます。

白駒湿原を過ぎるとキツい岩と木の根の道に。樹林帯を抜け、ニュウのてっぺんに立ったのは登山開始から2時間。これから行く天狗岳、硫黄岳、そして、富士山も一望です！

横岳から見た赤岳。遠くには富士山

その後は、中山峠に一旦下りて、天狗岳へ再び登り返します。森林限界を超え、岩稜帯を歩き東天狗へ！山頂では360度の大展望に出会えます。

さらに先へ。見晴らしの良い稜線を歩き根石岳《ねいしだけ》、夏沢峠《なつざわとうげ》を通過し、再び森林限界へ。最後の登りを耐え抜き硫黄岳山頂へ！山頂では南北の両脇に火山活動の面影を感じる爆裂火口を見ることができます。この日は、硫黄岳山荘へ泊まります。

ハシゴを越え、岩を越え
八ヶ岳最高峰に登頂！

3日目は早朝にスタートし八ヶ岳最高峰・赤岳《あかだけ》に登ります！岩を登ることもあるのでヘルメットを着用しましょう。

まず目指すのは横岳《よこだけ》。急な登りもありますが登山道はよく整備されています。横岳山頂までは1時間から1時間半くらい。

次は、いよいよ赤岳を目指します。横岳から先はハシゴを使って岩を登ったり降りたりする箇所が出てくるので要注意。途中の赤岳展望荘で休憩をとるといいでしょう。

最後の登りは岩と石の道。空気の薄さを感じながら頂上山荘を過ぎれば、その先で赤岳山頂に登頂！3時間強の道のりです。ここでは南・中央・北の日本アルプスを一望できます！

この後は、急な文三郎《ぶんざぶろう》尾根《おね》を下り、行者小屋《ぎょうじゃごや》、赤岳鉱泉を経て美濃戸口《みのとぐち》に下山します。

硫黄岳の爆裂火口壁

アクセス ※白駒池（青苔荘）へのアクセス

交通機関：
- JR中央線 茅野駅より「麦草峠」行きバスで「麦草峠」下車、徒歩約30分。
  JR長野新幹線 佐久平駅より「麦草峠」行きバスで「白駒池入口」下車。徒歩約10分。

マイカー：
- 中央道「諏訪」ICまたは上信越道「佐久」ICより国道299号で白駒池入口へ。白駒池入口駐車場から徒歩15分。
  ※駐車場あり（白駒池有料駐車場）

DATA

所在地：長野県南佐久郡佐久穂町・小海町・南牧村、茅野市、山梨県北杜市
標高：2,899m（赤岳）
累積標高：（上り）約1,790m、（下り）約2,172m
歩行距離：22.0km
歩行時間：約15時間15分
コースタイム：
白駒池入口→20分→白駒池北岸→65分→高見石→40分→白駒池北岸→100分→ニュウ→155分→東天狗→140分→硫黄岳→80分→横岳→110分→赤岳→90分→行者小屋→115分→美濃戸口
無雪期：5月〜11月

燕岳《つばくろだけ》、西岳《にしだけ》、槍《やり》ヶ《が》岳《たけ》を踏破する
憧れの縦走ルート！

07

（長野・岐阜）表銀座縦走《おおてぎんざじゅうそう》

3000m級の稜線歩きで槍ヶ岳を目指す！

日本のマッターホルンと呼ばれる北アルプス・槍ヶ岳。その頂を目指して、夢の3000m級の長い稜線を歩く、登山者憧れの縦走ルートが表銀座です。
初日は登りの厳しい合戦尾根を越えて燕岳へ。2日目は槍ヶ岳を望む稜線を歩き大天井岳を越え、西岳へ。3日目は急峻な岩稜を越えて槍ヶ岳山荘へ至り、そこで荷物を置いて、いよいよ槍ヶ岳山頂へ！ 4日目は上高地へ下山します。

燕岳
燕岳登山口
スタート地点
槍ヶ岳
西岳
横尾
上高地 BT
徳沢
5 km

YouTubeへGo!

表銀座コース

2020年8月18日～20日撮影

1日目：燕岳山頂を目指す
スタート
まずは合戦小屋へ
約3時間の厳しい登り
合戦小屋に着いた！
名物のスイカで水分補給！
燕山荘に到着
荷物を置いて山頂へ！
燕岳からの絶景！遠くに槍ヶ岳を望む！
山頂
標準タイム4時間50分
あそこを目指します！
2日目：大天井岳から西岳を目指す
スタートから2時間半
大天井岳への分岐
ここは巻いて行きます。
槍ヶ岳に向かって、最高の稜線歩き！
ヒュッテ西岳
今日はここに泊まります
西岳山頂へ！
西岳からの眺め！
山頂
標準タイム6時間51分

3日目：いよいよ槍ヶ岳へ！
5時20分
ヒュッテ西岳
出発！
途中ハシゴを越えて…
東鎌尾根の核心へ！
ヒュッテ大槍を越えて目の前に槍ヶ岳が！
ヒュッテから先が意外とキツい！
槍ヶ岳山荘に着いた！
ここで荷物を置いて、槍ヶ岳まで30分！
鎖場、ハシゴを乗り越え…
標準タイム４時間30分
常念岳
大天井岳
燕岳
西鎌尾根
山頂
槍ヶ岳に着きました！
4日目：上高地へ下山
5時出発
さよなら槍ヶ岳！
8時間かけ上高地へ！
憧れの槍ヶ岳。最高でした！

合戦《かっせん》尾根《おね》を越え燕岳へ
稜線歩きで西岳へ！

初日にはいきなりの難所！登山口・中房温泉《なかふさおんせん》から燕岳に登る合戦尾根は、北アルプス三大急登の一つ！我慢の登りです。

3時間ほどで合戦小屋に辿り着き、ここでは名物のスイカが喉を潤してくれます。

その先も厳しめの登りを1時間45分ほど歩き、ついに燕山《えんざん》荘《そう》に到着。荷物は置いて片道30分の燕岳山頂へ！この日は燕山荘に泊まります。

これから冬を迎える槍ヶ岳と表銀座縦走路

2日目は表銀座の大縦走！まず目指すのは大天井岳《おてんしょうだけ》。私は山頂に登らず巻きましたが、大天荘で休憩もできます。

一歩一歩槍ヶ岳に近づきながら、気持ちの良い稜線歩きは続き、燕山荘から7時間弱でこの日の宿ヒュッテ西岳に到着！ここでも荷物を置いてから15分ほどで行ける山頂へ。槍ヶ岳、常念岳が一望できます！

東鎌尾根を越えて槍ヶ岳へ
憧れの表銀座は充実コース

3日目はいよいよ槍ヶ岳へ。初めは水俣乗越《みずまたのっこし》まで一気に下り、そこから険しい東鎌尾根《ひがしかまおね》の核心へと登って行きます。ハシゴや鎖、狭い尾根や岩場を越え、急登を行くとヒュッテ大槍《おおやり》に辿り着きます。ここまで来ると目の前に迫る槍ヶ岳は圧巻！

その先の道も意外とキツいものでした。槍ヶ岳山荘に着いたのはスタートから約5時間半。荷物を置いて山頂へ向かうこと約30分。鎖場を越え、最後のハシゴを上り切って…。

ヒュッテ西岳で出された食事。おかずの種類が多いのがうれしい

ついに、登頂!!

水晶岳《すいしょうだけ》、野口五郎岳《のぐちごろうだけ》、立山、常念岳、大天井岳が一望です！

4日目は上高地へ下山します。さよなら槍ヶ岳—。美しい夜明けが送り出してくれます。道のりは約8時間。槍沢、横尾、徳沢と過ぎてついにゴール！

山登りをする人なら誰もが憧れる絶景の稜線歩き。ぜひ、トライしてみては？

アクセス

交通機関：
- JR大糸線穂高駅から季節運行バス（中房線乗合バス）に乗り約1時間15分で登山口となる中房温泉へ。

マイカー：
- 長野自動車道安曇野ICから1時間4分（約28km）で登山口となる中房温泉へ。無料駐車場有（約90台）。

DATA

所在地：長野県松本市・大町市・安曇野市、岐阜県高山市
標高：3,180m（槍ヶ岳）
累積標高：（上り）約2,877m、（下り）約2,813m
歩行距離：37km
歩行時間：約25時間16分
コースタイム：
燕岳登山口→290分→燕岳→25分→燕山荘→411分→西岳→10分→ヒュッテ西岳→270分→槍ヶ岳→30分→槍ヶ岳山荘→480分→上高地バスターミナル
無雪期：6月～10月

第5章

かほオススメのテント泊

この章ではテント泊を始めたい人のためのガイド情報を掲載。テント泊のメリット・デメリット、必要な装備、張り方などのキホンから、実際に私がテント泊初級者の頃に登った山の記録をご紹介しています。

紅葉する立山と雷鳥沢キャンプ場

mont-bell

やってみたい!!

テント泊登山のキホン

日帰り登山、山小屋登山の次にトライしたいのはテント泊登山。テント泊をやってみたい人に向けて、テント泊のメリット・デメリットと必要な装備について、まとめてみました。

テント泊のメリット・デメリットは?

テント泊のメリット・デメリットは次のように挙げられます。

メリット①　自由に山での滞在を楽しめること。

山小屋は多くの場合は相部屋ですが、テント泊ならパーソナルスペースを確保して自由に過ごすことができます。

メリット②　テントじゃないと行けない山がある

予約制のない避難小屋で満室で泊まれないことや、避難小屋すらなく、テント泊しかできない山もあります。

メリット③　長期的に見れば経済的

山小屋に宿泊すると1泊2食付きで1万〜1万3千円程度しますが、テント場を利用すれば1000円から2000円くらい。無料のところもあります。

デメリット①　初期費用がかかる

必要な装備が日帰りや山小屋泊とは全然違うため、揃えるのに最初はある程度のお金がかかってしまいます。

デメリット②　より綿密な計画が必要

重い荷物を背負うと歩くペースが落ちるので、ゆとりを持った登山計画が必要です。自炊するための計画も必要です。

デメリット③　体力的な負担が大きい

私のテント泊の装備は15kg弱あり、日帰りの2〜3倍の重さになります。この装備を背負って歩くには、体力をつけないといけません。

テントは？ 寝袋は？ 必要な装備

日帰り登山との共通の装備は除き、テント泊をするために買い足すべき装備を紹介します。目安の参考価格として全部揃えると10万〜15万円くらいだと思います。

❶テント

山岳用のテントが基本です。一般的な価格は3万円台後半から5万〜6万円くらい。軽量性と居住性のバランスで選びましょう。私のは結露しにくいダブルウォールで靴を置いたり調理ができたりする前室があるタイプです。

❷寝袋

対応温度を元に自分の山行に必要な保温力のものを買いましょう。私のは3シーズン用で0度まで耐えることができます。相場は3万〜5万円くらいと思います。

❸マット

寝袋の下に敷きます。これがないと地面が硬くて寝られません。大きく分けると①折り畳み式のクッション性素材のもの、②エアマット、③クッション性素材で空気で膨らませるものの3タイプ。私は③の空気で膨らませるタイプ。コンパクトに収納できるメリットがあります。

❹バーナー

❺クッカー

テント泊の醍醐味、自炊に不可欠。両方合わせて1万円くらい。私のバーナーは高火力で風に強いタイプ、クッカーはザックに収納しやすいメスティンです。

❻大きなバックパック

日帰りよりも、はるかに持っていくものが多いので、最低でも50〜60ℓくらいのサイズは必要です。私は必ずお店で試着して買っています。あればレディースサイズを買います。

かほのテント泊装備

❶ テント／NEMOのアトム 1P

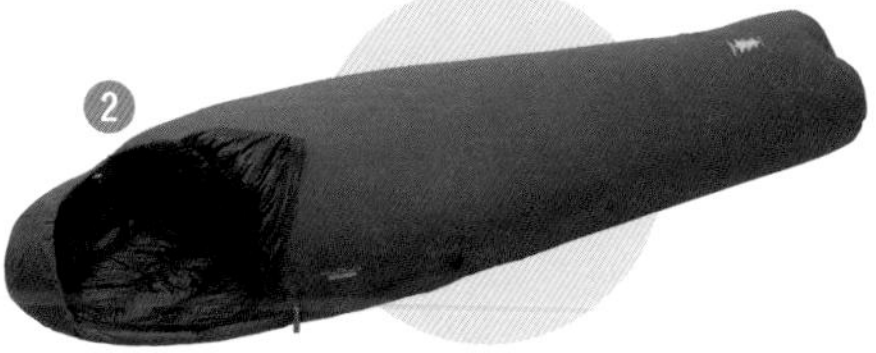

❷ 寝袋／mont-bellのドライシームレスダウンハガー900 #3

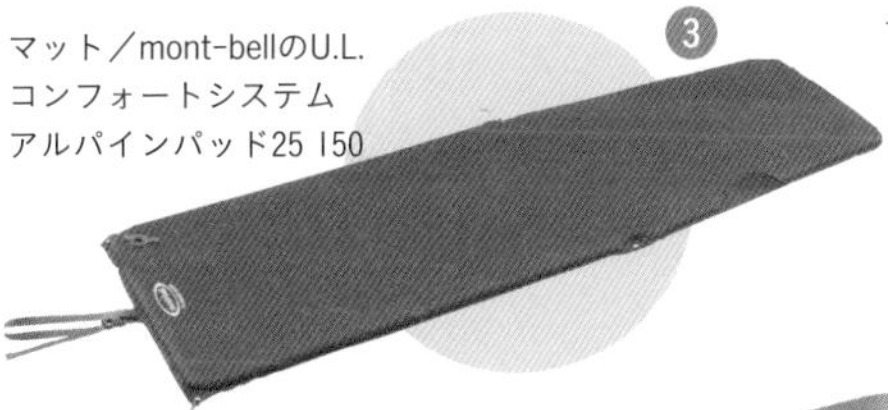

❸ マット／mont-bellのU.L.コンフォートシステムアルパインパッド25 150

❹ バーナー／SOTOのウインドマスター SOD-310

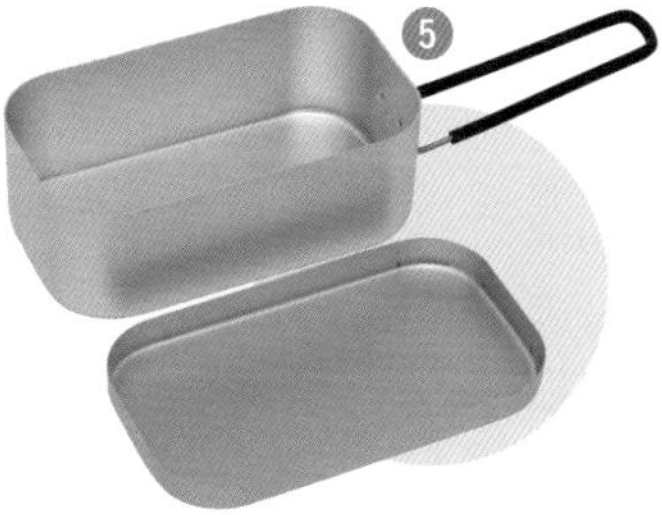

❺ クッカー／Campers Collectionのメスティン MESS-1

❻ バックパック／MAMMUTのDucan Spine 50-60

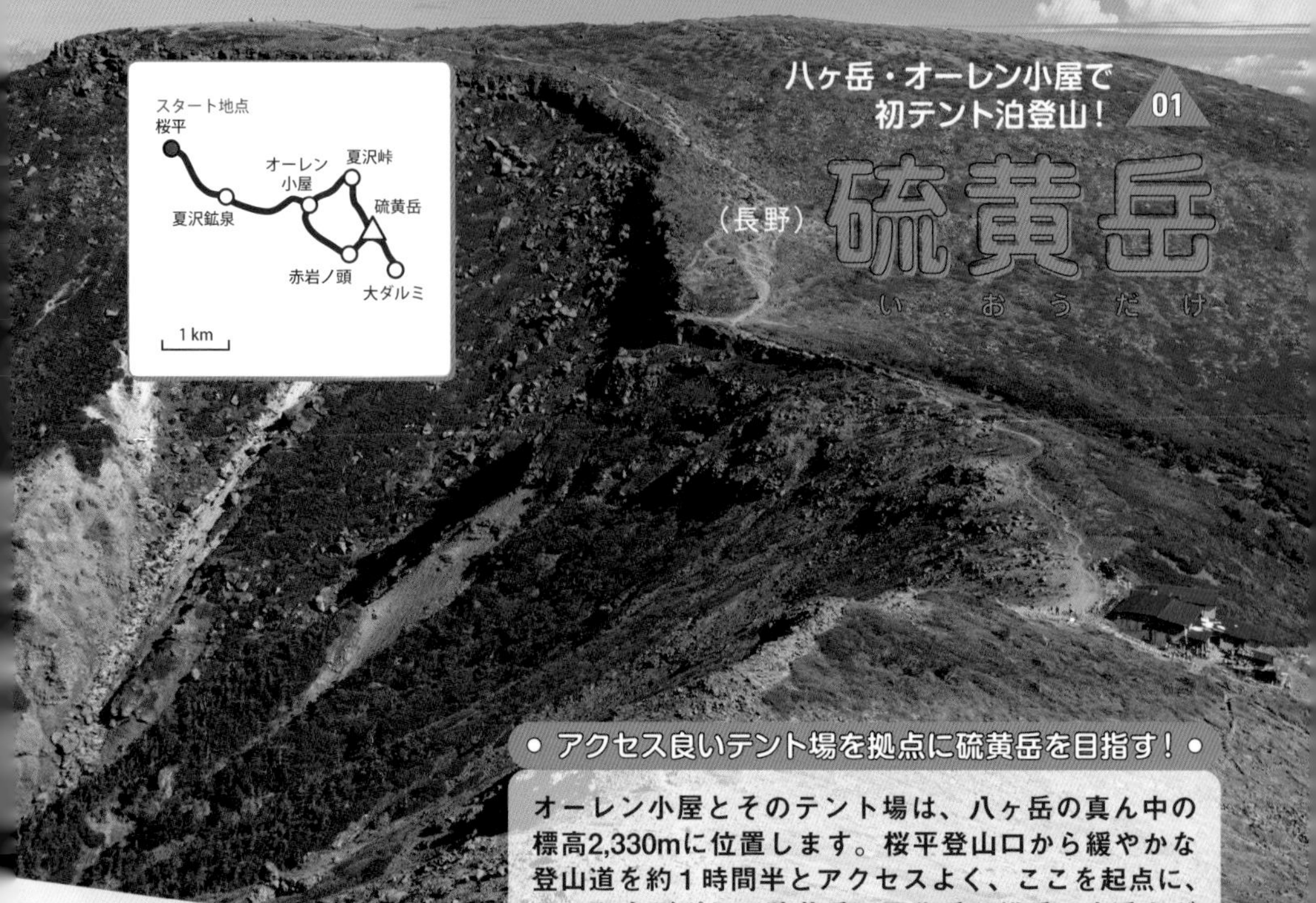

スタート地点
桜平
夏沢鉱泉
オーレン
小屋
夏沢峠
硫黄岳
赤岩ノ頭
大ダルミ
1 km

八ヶ岳・オーレン小屋で
初テント泊登山！　01

（長野）硫黄岳《いおうだけ》

● アクセス良いテント場を拠点に硫黄岳を目指す！ ●

オーレン小屋とそのテント場は、八ヶ岳の真ん中の標高2,330mに位置します。桜平登山口から緩やかな登山道を約１時間半とアクセスよく、ここを起点に、テントをデポして硫黄岳・天狗岳・横岳・赤岳などへの周遊登山が楽しめます。木々に囲まれたサイトは雰囲気がよく、豊富な湧水や有料の檜風呂も魅力です。ここを１泊２日の拠点にして八ヶ岳・硫黄岳の頂を目指す、初テント泊登山にトライしてはいかがですか？

ATOM 1

YouTubeへGo!

桜平〜オーレン小屋〜硫黄岳ルート

2020年7月20日・21日撮影

1日目：初めてのテント泊
スタート
桜平登山口
緩い登りが続く
オーレン小屋到着！
登山口から75分！
標準タイム1時間15分
テントを張る！
まず、グランドシートを敷く
インナーシートを置く
ポールをインナーシートに差し込む
ポールを組み立てる
押し込むように
※引くとポールの継ぎ目が抜けちゃう！
テントを立てる！
フライシートを被せる
ガイドの佐智さんが手伝ってくれた
ペグを打つ！
石でペグを地面に打ち付けてガイラインを固定
完成!!
ここが今日の私のお城

2日目：硫黄岳にアタック！
スタート
樹林帯の道を行く
夏沢峠に着いた！
標準タイム25分
ただ今、5時10分！
登りが急になってきた！
キツい！
森林限界を越えて、風も結構強い！
爆裂火口
すごい！なんじゃこりゃ!?
最後の登りはちょっぴり急！
キツい！
山頂
標準タイム1時間35分
横岳
赤岳
阿弥陀岳
6時20分到着。少し曇り気味だけど、赤岳、阿弥陀岳を見渡します！
硫黄岳山荘へ
少し休憩
再び、山頂へ
残念、晴れてなかった…。
諦めて下山
オーレン小屋到着！
標準タイム3時間25分
テント撤収！
こうやって虫やゴミを落とす
桜平登山口へ！
荷物減ったのにリュックはパンパン!? パッキングは難しい。

魚眼レンズで撮影された硫黄岳の爆裂火口

桜平《さくらだいら》からオーレン小屋へ手こずったテント張り

オーレン小屋は、桜平登山口からそれほど登らずにアクセスでき、ここにテントを張って荷物を軽くして、八ヶ岳の峰々に登れるので、テント泊初心者にうってつけ。私もここが初テント泊の地でした。

桜平登山口からは沢沿いの山道を歩きます。初テント泊の私に重い荷物も勾配が緩やかなのでなんとかなるかなと思いました。途中、夏沢《なつざわ》鉱泉を過ぎ、登山口から1時間半ほどでオーレン小屋に到着できます。

硫黄岳に咲く高山植物「コマクサ」

テント場は小川が流れ、木に囲まれた落ち着いた雰囲気。豊富な湧水が無料で使え、小屋の清潔なトイレも使えます。

受付で必要事項を記入し、お金を払うとテントサイト使用者である目印をもらえます。滞在中は、これをテントの見えやすいところに表示します。

初のテント張りは、練習してきたにもかかわらず、工程を抜かしたりして、思いのほか手こずってしまいました。テントの中は散らかりやすいので、すぐ使うものや貴重品を枕元において、それ以外を足元にして整理整頓するようにしています。

硫黄岳山頂へアタック！硫黄岳山荘でひと休み

翌日早朝、硫黄岳を目指して出発。最初は、樹林帯を歩きます。夏沢峠を過ぎさらに進むと少しずつ登りが急になり足元はザレ場が多くなります。

森林限界を越えると風も強くなりました。急坂を登ると目に飛び込むのが山頂から北に広がる巨大な爆裂《ばくれつ》火口《かこう》です。

そこから山頂まではあと少し。やや急な登りを越えて到着です。晴れていれば赤岳、阿《あ》弥《み》陀《だ》岳《だけ》を望むことができます。

山頂の先を少し下ると硫黄岳山荘があるのでココアで一息もおすすめ。赤岩ノ頭経由でオーレン小屋に戻り、テントを撤収して下山しましょう。

アクセス

交通機関：
- JR中央本線茅野駅よりタクシー（約1時間）で桜平登山口へ。
- 高速バス茅野バス停よりタクシー（約1時間）で桜平登山口へ。

マイカー：
- 中央自動車諏訪南ICより桜平登山口（約3時間半）、または、中央自動車道諏訪ICより桜平登山口（約4時間）。無料駐車場有（約150台）。

DATA

所在地：長野県南佐久郡南牧村海尻
標高：2,760m
累積標高：1,206m（上り）、1,206m（上り）
歩行距離：約10.9km
歩行時間：約5時間30分
コースタイム：
桜平→75分→オーレン小屋→25分→夏沢峠→70分→硫黄岳→20分→大ダルミ→25分→硫黄岳→15分→赤岩ノ頭→ 50分→オーレン小屋→50分→桜平
無雪期：5月〜11月

青空の絶景！
雷鳥沢《らいちょうざわ》ソロテント泊で立山縦走ハイク 02

（富山）立山《たてやま》

雷鳥沢キャンプ場
（雷鳥平）
エンマ台
大走り分岐
富士の折立
大汝山
雄山
室堂
ターミナル
スタート
地点
立山室堂
一ノ越
北峰
浄土山
南峰
1 km

立山連峰を目の前のキャンプ場が拠点

立山は北アルプスの北部。"立山"という単独の山はなく、ふつう雄山、大汝山、富士の折立の３峰のことを指します。登山の拠点となる室堂へは、立山黒部アルペンルートでアクセスすることができ、気軽に登れる3,000m級の山として人気です。この３峰に立山連峰に属する浄土山をプラスした４峰を縦走するコースへ、立山連峰を目の前にする絶景の雷鳥沢キャンプ場を拠点に挑みましょう。

NEMO

YouTubeへGo!

浄土山〜立山ルート

2020年9月1日〜3日撮影

1日目：雷鳥沢キャンプ場

スタート
立山駅からケーブルカー
アクセスは立山ケーブルカーと立山高原バス
マイカー乗り入れは×
室堂に到着!
立山黒部アルペンルート
観光の拠点
キャンプ場まで徒歩約1時間!
散策を楽しみます!
景色がいい♪気持ちいい!
みくりが池
火山の噴火でできたそうです
雷鳥荘からキャンプ場
目指して下ります
雷鳥沢キャンプ場に到着!
立山連峰が目の前!すごい!
標準タイム1時間5分
受付をしてテントを張る
今回は30分で設営できた!
タイムが縮まった!
手作りごはんを食べたら、ぐっすり眠ります
テントの中でまったり♪

2日目：立山にアタック！
スタート
登山開始！
山頂前が急登！
浄土山頂？
山頂標識が不明…
一旦、下りる
ハード！
一の越山荘で休憩後岩の道を登る！
雄山山頂へ
あそこが山頂！
山頂
山頂から剱山が見える
雄山に着いた
標準タイム 4時間14分
大汝山まで30分
大汝山頂！
標準タイム 4時間34分
山頂から見る御前沢氷河
立山連峰にある3つの氷河のうちの一つ
日本で氷河が見られるのは立山連峰だけ
山頂
富士の折立山頂！
黒部湖を一望！
標準タイム 4時間49分
この後は、大走りを通ってキャンプ場へ
稜線歩きが最高でした！
黒部ダム
近いので、ぜひ立ち寄ってみてください！

室堂《むろどう》から雷鳥沢キャンプ場へ 立山連峰を眼前にテン泊！

立山駅からアルペンルート観光の拠点・室堂へは、立山ケーブルカーと立山高原バスを乗り継いでアクセスします。

室堂から雷鳥沢キャンプ場へは徒歩で1時間ほど。ほどなく火山の噴火が創り出したみくりが池が見えます。

その後、地獄谷や血の池地獄などを見ながら歩き雷鳥荘に到着。ここから雷鳥沢キャンプ場へと下りていきます。

新緑の立山室堂の雷鳥沢キャンプ場

雷鳥沢キャンプ場は、立山連峰が見渡せる最高の立地にあります。今回は、ここをテント泊の拠点にして荷物を置き浄土山《じょうどさん》、雄山《おやま》、大汝山《おおなんじやま》、富士の折立《ふじのおりたて》を縦走する計画になります。

浄土山を皮切りに 雄山、大汝山

翌朝、立山の縦走に出発です！約1時間で室堂近くの浄土山の登山口に入ります。分岐を浄土山へ向かうと、岩の道になるので、ここから念のためヘルメットを被りましょう。

浄土山は山頂の手前、最後の登りが結構辛いです。そこを乗り越え、稜線に出てついに山頂へ！そこでは、大天井岳、水晶岳、槍ヶ岳など、北アルプスの峰々が一望にできます。

次の雄山へ向かっては、一旦、下り。一の越山荘《いちのこしさんそう》で休憩後、岩の道を再び1時間ほど登ります。このピークを過ぎると、美しい稜線歩きが始まります。

次の大汝山へは約30分。登山道を行くと大汝休憩所があり、岩に山頂への案内が書いてあります。ここを登ると立山の最高峰を踏むことになります。

次の富士の折立へも約30分。切り立った岩の道を行くと、たまりにたどり着き、そこを登ります。山頂からは目の前に黒《くろ》部湖《べこ》と剱岳《つるぎだけ》が見えます！その先の稜線歩きが、また、最高！急な下りの大走りを抜け、キャンプ場に戻りました。

立山の雷鳥

アクセス

交通機関：

- 富山県側から：立山駅～美女平はケーブルカー（約7分）、美女平～室堂はバス（約50分）（片道2430円）。
- 長野県側から：扇沢からトロリーバス→ケーブルカー→ロープウェイ→トロリーバスを乗り継いで室堂へ（1時間30分以上）（片道5860円）。

マイカー：

- 北陸道立山ICから約24kmで立山駅駐車場へ。無料駐車場有（430台分）。
  ※アルペンルートはマイカー乗り入れ禁止。立山駅からは【交通機関】を参照

DATA

所在地：富山県中新川郡立山町芦峅寺
標高：3,015m
累積標高：約1,367m（上り）、約1,367m（上り）
歩行距離：約12.9km
歩行時間：9時間4分
コースタイム：
室堂ターミナル→65分→雷鳥平→60分→エンマ台→20分→立山室堂→74分→北峰→10分→南峰→30分→一ノ越→60分→雄山神社→20分→大汝山→15分→富士の折立→110分→雷鳥平→80分→室堂ターミナル
無雪期：7月～10月

第6章

登る前の最終チェック！注意すること

登山では自然の魅力を楽しむ代わりに、自然の中で起きる不測の事態には自ら対処しなければなりません。この章では、危機的な状況を近づけないための備えと、危機的な状況に陥った時の対処方法についてお話しします。

第6章監修：小俣智範

塔ノ岳

危機的な状況に陥る前にやるべきこと

いざという時のためのリスクマネジメント

危機を寄せ付けない事前に対応するべきこと

登山中のいざというときに備えて、危機的な状況に対応する術を学ぶことは有効ですが、そもそも危機を寄せ付けないことが大切です。危機的な状況に陥る前に、事前に対応しておくことをリスクマネジメントと言います。例えば、入山前であれば、天気が悪い時は山に入らないようにすること、登山中であればマメに水分補給して熱中症を予防することなどです。

リスクマネジメントは、挙げればキリがないのですが、日頃から健康管理を行い、登る山に見合った十分な体力を身に付けることも含まれます。これらのことは見落と

リスクマネジメントの一例

～入山前～

1. 天気が悪い時は山に入らない
2. 健康診断を受けて持病の有無を確認する
3. 自分の山行に合った山岳保険に加入する
4. 登る山の情報を調べて装備を整える
5. 登山計画書を提出する
6. 怪我をしたときの救急処置を学ぶ

～登山中～

1. 暑い時はマメに水分補給して熱中症を予防
2. ネットのつながる場所では、スマホで数時間先の雨雲予報をチェック
3. 地図やGPSアプリで現在位置を確認
4. 落石の可能性が高い場所の下には極力入らない

されがちですが、登山者にとってとても大切なことです。

一方、登山中に実際に起きてしまった危機に対応することをクライシスマネジメントと言います。登山中に起こる危機とは、例えば、道に迷った、悪天候に見舞われた、危険な野生生物に遭遇した、あるいは、傷病者が発生したなどです。

クライシスマネジメントは、ケースバイケースです。対応する際は、少しでも生き残る可能性が高い行動を心掛け、危機的状況から脱出することを考えます。クライシスマネジメントについては、次項以降で、実際に起きる可能性が高い危機ごとに、リスクマネジメントの段階も含めて、取り上げていきます。

体も心も整えて
山へ行きましょう！

見落とされがちなリスクマネジメント！

・その山に見合った十分な体力を身に付ける

体力不足は転倒や滑落のリスクを増やします。また、体力不足の状態で悪天候に遭遇した場合、行動スピードが遅いので、それだけ長く風雨や風雪に曝され続けることになります。

・日頃からの健康管理が大切

日頃の生活習慣から不健康な体になってしまっている人が、山に行っている時だけ急に健康的な体になることはありません。山で具合が悪くなってもすぐに助けは来ず、病院にも行けません。日頃から健康管理を行い、体調を整えて山に行きましょう。

・家庭や職場などでストレスを溜めすぎない

ストレス解消のために登山をする人は多いと思います。ところが過度なストレスを抱えていると美しい景色をキャッチできなかったり、登山中に判断を誤る原因になることもあります。逆説的ですが休日の登山を十分楽しむためには、日頃から家庭や職場などでストレスを溜め過ぎないことも大切です。

いざという時のためのクライシスマネジメント①

道に迷ったら、まず落ち着いて

道に迷ってむやみに下ることは危険行為

警察庁が発行している資料「令和3年におけるの山岳遭難の概況」によると、令和3年に発生した山岳遭難の遭難者の態様のうち、いちばん多かったのは「道迷い」で実に41・5%を占めていました。

道迷いは、計画とは違う登山道に入ってしまったり、林業の作業道やけもの道などに迷い込んだりして、道を見失って発生します。悪くすると死亡事故につながることもあり、注意が必要です。道迷いに気がついたら、まずは、気持ちを落ち着かせること。小休止してGPS連動のスマホ地図や地図とコンパスで現在地を割り出してみましょう。焦ってむやみに行動することは最悪の結果を招きかねません。

対処の基本は、まずは、道を間違えた可能性がある場所まで戻ることです。戻る道がわからない場合は、とにかく、尾根上を目指して登り返します。登山道は尾根上につけられていることが多いのです。

逆に、やってはいけないのはむやみに下ること。当てもないのに下るうちに、沢に出て、いずれ滝に出くわし、そこを無理に降りようとして転落するなど、良い結果に繋がらないことが多いのです。

もしも、途中で日が暮れたら無理に下山しようとせず、風をしのげる場所に移動して、ツェルトやエマージェンシーシートで保温に努め、夜を明かすようにしましょう。

道迷い その対策

むやみに下る時の最悪のシナリオ

道がわからなくなっても下っていけば里に出るのではと漠然とした考えで下るうち、涸沢に出て、沢沿いに下るうちに水流が始まります。水流が増し、いずれ滝など険しい地形に出くわし、すでに登り返す体力も気力もなく、無理にそこを降りようとして転落して骨折し、動けなくなる…。これが、道迷いから遭難に至る典型的なパターンです。

迷ったらとにかく"登ること"

道迷いに気づいて、現在地も戻るべき道もわからない場合は、とにかく登ることが基本です。登山道の多くは尾根上につけられていることが多いので、まずは尾根上を目指します。道に出られなくても高いところから見渡せば登山道が見つかるかも知れないし、時間がかかっても山頂まで戻れば、ほとんどの場合は下山する道が見つかるはずです。

やむをえずビバークするとき

日没で暗くなると何も見えなくなるのでビバークの判断は早めに。雨と風を防げる場所を探してツェルトを立て、持っている衣類をレインウェアまで全部着込んでエマージェンシーシートにくるまって保温に努めます。ツエルトの下に枯葉を敷いたり、ザックの中に足を入れたりするのもいいです。スマホがつながれば、家族などに今の状態を伝えましょう。

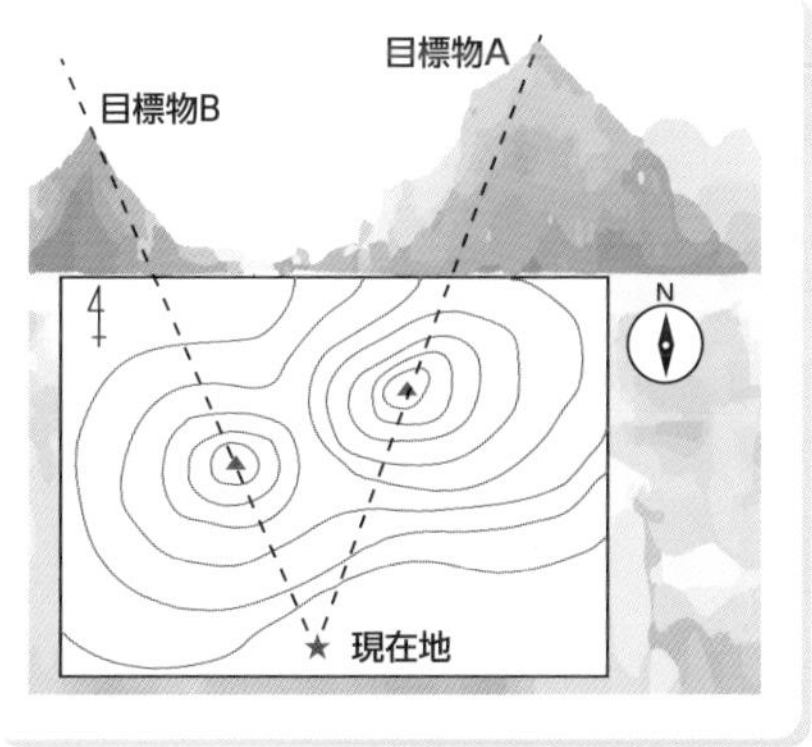

地図とコンパスで現在地を知る

コンパスを見ながら地図を実際の方角に合わせます。周囲に見える山頂などの目標物を2つ決め、実際の目標物それぞれから地図上の同じ目標物を結ぶ線を引き、2本の線が交わる場所が現在地です。コンパスが指す磁北と実際の真北は微妙に違い、地図の方角は磁北で合わせるのが正確。磁北線をあらかじめ地図に書き込んでおくといいです。

いざという時のためのクライシスマネジメント②

天候を適切に判断して快適な登山を

気象遭難で怖い季節を問わない低体温症

山の天気は平地と違うもので、変わりやすいもの。登山を安全に楽しむには天候に気を配ることが大切です。事前に天気予報を見ることはもちろん、電波が入る場所で、スマホで数時間後の雨雲予報を見たりして、天気が崩れそうなら事前に取りやめたり、途中で下山を判断したりして、安全な登山につとめてください。

気象遭難で怖いものの一つが低体温症。その原因となるのは強風、雨、低温です。山では気温は１００ｍ登るごとに０・６度、風速が１ｍ増すごとに体感温度が１度下がるので、平地が20度の時でも、標高２０００ｍの稜線上で風速８ｍの風が吹けば、体感温度は真冬と同じ０度になります。

長時間風雨にさらされ、濡れた体や服に風があたれば、夏でも低体温症は起こり得ます。春の嵐メイストームや秋の木枯らしが、山の上で季節外れの吹雪になることもあります。季節を問わず、低体温症に備えることが必要です。

また、夏の登山で恐ろしいものに雷があります。雷や激しい雨の原因となる雷雲＝入道雲（積乱雲）が近づいてくるのに気がついたら避難を考えるべきです。その雷雲が発生しやすいのは午後３時ごろ。この時間までに山小屋や下山口に着けるよう早朝から歩き出す「早出・早着き」の山の基本は、雷対策に有効なのです。

変わりやすい山の天気 その対策

気象情報を活用する

出かける１週間くらい前から天気予報をチェックし、登山中も電波が入れば、スマホでリアルタイムな情報を得るなど、気象情報には常に気を配りましょう。参照したサイトが山麓ではなくて山頂の予報かどうかの確認も重要です。雲の様子などから天気を読む“観天望気”や天気図の知識も興味を持って身につけると、天候判断の助けになります。

平地とは違う山の天気

気温は標高が高いほど低くなります。天候は崩れやすく雨は多く、局地的な大雨になることもしばしば。それは、湿った空気が山の斜面にあたると上昇気流になって雲が発生するからです。風も、強い時は、平地の数倍の強さになります。その代わり、晴れの時は平地では見られないような青空が広がっています。

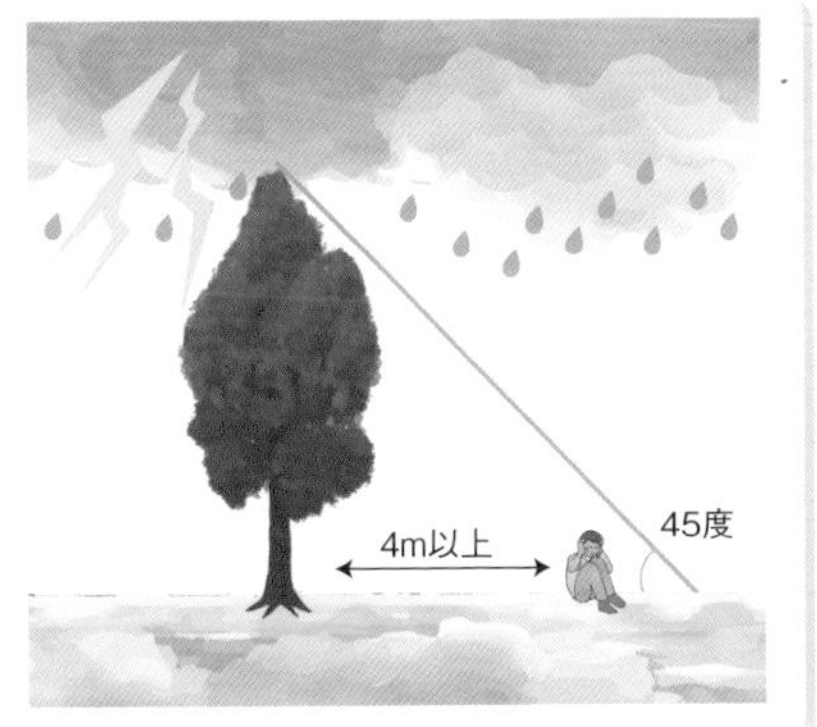

雷鳴が近づいたら?

雷が落ちやすいのは山頂や岩稜、独立した岩峰、大木、広い草原、湿地帯など。こうした場所から離れ、樹林帯や山小屋に避難します。樹林帯では、あたりを見回していちばん高い木の下は避けて、大木の幹から４m以上離れ、木のてっぺんを45度の角度で見上げる位置で姿勢を低くします。傘をさしたりすることは非常に危険です。

季節外れの吹雪に遭遇したら?

低体温症から身を守ることが第一。ネックゲーターやニット帽などをかぶり、レインウェアを着て、フードで顔を守ります。ビバークは一つの手段ですが、行動を続けて山小屋などに逃げる方が良い場合もあります。こうした気象遭難が多いのは季節の変わり目にある10月の連休など。標高が高く山小屋がまばらな長い尾根道などでは要注意。

いざという時のためのクライシスマネジメント③

注意が必要な危険生物たち

わざわざ人を攻撃してくる野生動物はほとんどいない

危険な野生生物が攻撃してくるのは人間が不用意に彼らの領域に踏み込んだり、不意に遭遇したりしたときに自己防御をする場合だけ。野生生物からわざわざ人を攻撃してくることはありません。

クマは、出合い頭の遭遇が危険だと言われます。登山道のカーブを曲がったらいた、というようなパターンです。クマもパニックになって襲ってくるのです。これを避けるには、クマ鈴などでこちらの存在を知らせながら歩くのが有効です。

スズメバチは、巣の存在に気づかずに近づいてしまうのが危険です。この場合、威嚇して周りを飛んでくるので、静かに速やかにその場を離れます。黒いものを攻撃する習性があるので、黒や茶色以外の帽子や衣服を着用することも有効です。

毒ヘビは、本州にいるのはマムシとヤマカガシです。普通に登山道を歩いている限り、ほとんど出会うことはありません。日当たりの良いところで日光浴をしていることがあるので、暖かい岩の上などで休憩する時は、注意しましょう。

マダニは、シカやイノシシなどが棲息するヤブの中などにいて、気づかないうちに皮膚に食いついてきます。夏でも長袖シャツを着て肌の露出を避け、下山後は早めに入浴して首筋などに食いついていないかチェックしましょう。

山で危険生物を見かけたらどうする？

スズメバチ

巣に近づくとカチカチ音を立てて威嚇し、周りを飛び回ってくるので速やかにその場を離れます。手で払ったりしてはいけません。万が一刺されたら、毒液を指で押し出すかポイズンリムーバーで吸引します。人によってはダメージが大きく命に関わることもあるのでアレルギー性のショック症状が出たら、救助要請をしましょう。

クマ

遭遇を防ぐためにはクマ鈴を鳴らすなどして、こちらの存在を知らせながら歩きましょう。万が一、遭遇してしまったら慌てて逃げたり、叫んだりしてはいけません。クマは背中を見せて逃げていくものを追いかける習性があると言われます。クマに背中を見せずに、クマの目を見ながら、静かに後ずさりして離れていくと良いとされています。

マダニ

近年、マダニが媒介するSFTSウイルス（重症熱性血小板減少症候群）により死者も出ているためあなどれません。食いつかれてもすぐには気づかず、数日経ってダニが膨れ上がった状態でわかることが多いです。無理に引き剥がすとアゴが残って化膿したりしてしまうので、医療機関を受診して、切除してもらいましょう。

毒ヘビ

毒ヘビに噛まれると非常に危険です。見つけた時は絶対に近寄らないようにしてください。万が一噛まれたら、傷口をよく洗い、ポイズンリムーバーで毒を吸い出し、噛まれた部位を心臓より低く保って速やかに下山し、医療機関を受診します。毒ヘビの種類が分かれば診断が早いので、そのヘビをスマホで撮影しておくと良いでしょう。

いざという時のためのクライシスマネジメント④

登山道で倒れている人を発見したら？

傷病者を引き継ぐまでの間、症状を悪化させないようにする

登山道で倒れている人を発見したらどうしたらいいでしょう？　救助を要請しても救助隊はすぐに到着できません。

傷病者を医療機関や救助隊に引き継ぐまでの間、その症状を悪化させないように救急処置を施すことをファーストエイドと言います。具体的な処置については専門書に譲りますが、ここではその基本的な考え方についてふれておきます。

傷病者が出た場合、まず、❶その傷病者を観察します。周囲に自分が巻き込まれるような二重遭難の危険はないか、傷病の原因は何なのかなどです。そして、❷重症度と緊急度を判断します。命にかかわるような一刻を争う状況があるのか、ないのか。次いで、❸状況に応じた救急処置を行うと共に、緊急度が高ければ至急救助要請を出すという流れになります。

実際に傷病者を目の前にすると、かえって悪化させてしまったらどうしようと、ファーストエイドを躊躇することもあるでしょう。ただ、一刻を争う状況で誰かの生命の分かれ目を救うこともあります。ファーストエイドを行ったことで、たとえ悪い結果になったとしても、重過失でない限りそれを行った方が責任を問われることは一般的にはありません。いざというときのために、ファーストエイドの知識と技術は身につけておきたいものです。

二重遭難に注意し傷病者を観察

まずは、周囲の状況を確認して危険がないか見極めた上で、倒れている人に近づきます。落石や火山性ガスなど、そこに何か危険があったから、その人は倒れているのかも知れません。二重遭難の危険がある時は、それを回避することが最優先です。そして、傷病者に声をかけたり、全身を観察したりして傷病の原因が何かを推測します。

救急処置をする時は？

必要に応じて救急処置などを行います。そこが危険な場所なら、まずは安全な場所まで退避させてから必要な処置を行います。また、状況に応じて、通りかかった他の登山者の協力を仰ぐことも必要でしょう。急病や大怪我をしているなど、一刻を争う状況であれば、すぐに救助要請します。呼吸や脈拍がない場合は、とても緊急度の高い状態です。救助要請は携帯電話が通じるなら110番、119番が基本。通じない時は、最寄りの山小屋や登山口へ。通りがかりの人などに伝言を頼んでもいいでしょう。

救急処置の結果の法的責任は？

救急処置に関しては「間違った救急処置をしたらどうしよう…」「手を出さない方が良いかな」と思う人もいると思います。しかし、一般市民が行うファーストエイドは、職務として人命救助などを行う山岳救助隊員やライフセーバーが行うものとは区別されていて、重過失がない限りそれを行った人が責任を問われることは一般的にありません。

まずは自分の身を守ることを優先

ファーストエイドにおいては自分の身を守ることを優先します。悪天候などで自分にも危険が差し迫っている状況なら、まずは自らの避難を優先して考えます。救急セットなどは、自分の装備を安易に差し出さず、まずは倒れている人のザックに入っているもので対応することを考えます。出血を伴う怪我に対しては血液感染症にも注意します。

おわりに

「山の魅力はなんですか?」という質問に私は「競争じゃないこと!」と答えます。学校の運動会の徒競走では、1番から6番まで順位がつけられて私はいつも後ろの方…。学習塾では試験の成績がいつも壁に張り出されていました。競争が悪いとは思いませんが、誰かと自分を比べてばかりなのは少し疲れてしまいますね。

山登りでは、山頂に早く着いた人が偉いなんてことはありませんから、ゆっくり自分のペースで登ればいいのです。さらに言えば、山頂に到達しなくてはいけないという決まりもないので、自分の好きなところで折り返しても全く問題ありません。山登りには「こうでなければいけない」というものは無いので、自分自身の楽しみ方を見つけてみてください。

この本を手に取ってくださった方が山や自然に触れ合い、生活に彩りが生まれることを願っています。

著者：かほ

岐阜県出身。幼少の頃は大のテレビっ子。「自分の番組を作りたい」という思いから、大学卒業後はテレビ番組制作会社でアシスタントディレクターとして勤務。その後、広告代理店、IT企業を経て、2019年10月にYouTubeチャンネル「かほの登山日記」を開設。夢だった番組制作への情熱と、出費がかさむ趣味の登山の資金になればと登山チャンネルを始める。始めた当初は近場の低山を登るので精一杯だったが、最近ではガイドさんと一緒にバリエーションルートに挑戦したり、国外の山に出向くなど、山の楽しみ方を広げている。

監修：小俣智範

登山教室Serow（セロー）代表
山梨県出身。高校時代は山岳部、大学進学後は社会人山岳会に入会。大学卒業後に登山用品店に勤務。後に店長を務める。登山用品店で働く一方で山岳ガイド資格を取得。2016年に登山用品店を退職し、現在は専業で山岳ガイド業務を行う。

- 日本山岳ガイド協会　山岳ガイドステージ2
- 八ヶ岳山岳ガイド協会所属

YouTubeチャンネル「かほの登山日記」

登山の様子や山ごはん、山の道具紹介を行なっています。私自身が山で見たもの、感じたものを動画にするのはもちろん、地図やルートタイムを挿入し山に出かける方の参考になるように心がけています（byかほ）

YouTube　Instagram　twitter

【参考文献】
『安全登山の基礎知識』樋口 一郎他 著／スキージャーナル、『山の安全管理術』木元 康晴 著／ヤマケイ新書、『山のエマージェンシー』木元 康晴 著／山と渓谷社、『山のファーストエイド』悳 秀彦 著／山と渓谷社、『登山入門』佐藤 勇介 監修／山と渓谷社、『新しい登山の教科書』栗山 祐哉 著／池田書店、『今日から始める山歩き』ブルーガイド編集部 編／実業之日本社、『今日からはじめる山歩き』JTBパブリッシング、『やさしい山の歩き方』スタジオ・ビーイング編／永岡書店、『知識ゼロからの山歩き入門』小倉 董子 著／幻冬舎、『50歳からはじめる 山歩きの教科書』石田 弘行 著／土屋書店、ヤマケイオンライン、ヤマレコ、岐阜県高山市 飛騨乗鞍観光協会サイト、アルプス観光協会サイト

著者：かほ

岐阜県出身。幼少の頃は大のテレビっ子。「自分の番組を作りたい」という思いから、大学卒業後はテレビ番組制作会社でアシスタントディレクターとして勤務。その後、広告代理店、IT企業を経て、2019年10月にYouTubeチャンネル「かほの登山日記」を開設。夢だった番組制作への情熱と、出費がかさむ趣味の登山の資金になればと登山チャンネルを始める。始めた当初は近場の低山を登るので精一杯だったが、最近ではガイドさんと一緒にバリエーションルートに挑戦したり、国外の山に出向くなど、山の楽しみ方を広げている。

監修：小俣智範

登山教室 Serow（セロー）代表
山梨県出身。高校時代は山岳部、大学進学後は社会人山岳会に入会。大学卒業後に登山用品店に勤務。後に店長を務める。登山用品店で働く一方で山岳ガイド資格を取得。2016年に登山用品店を退職し、現在は専業で山岳ガイド業務を行う。
・日本山岳ガイド協会　山岳ガイドステージ２　・八ヶ岳山岳ガイド協会所属

ソロ登山 ステップアップガイド
山登りを趣味にする

2023年4月30日　初版第1刷発行

著　者　かほ
監　修　小俣智範
発行者　角竹輝紀

発行所　株式会社マイナビ出版
〒101-0003
東京都千代田区一ツ橋2-6-3
一ツ橋ビル2F
0480-38-6872（注文専用ダイヤル）
03-3556-2731（販売部）
03-3556-2735（編集部）
URL：https://book.mynavi.jp

印刷・製本 中央精版印刷株式会社

STAFF
編集協力　ナイスク https://naisg.com/
　松尾里央　岸正章　藤井姫由　鈴木陽介
執筆協力　伊大知崇之
デザイン・DTP　工藤政太郎　沖増岳二
撮　影　小林靖
地図製作　牧野知弘
イラスト　アドプラナ
写真協力　PIXTA
協　力　株式会社モンベル　SOTO　イワタニ·プリムス
　山善（Campers Collection）
　マムート・スポーツグループジャパン

ISBN978-4-8399-7960-7
Printed in Japan